人と組織の慣性をいかに打破するか

変革を定着させる行動原理のマネジメント

株式会社コーチ・エィ 常務取締役
国際コーチ連盟マスター認定コーチ
中島克也

ダイヤモンド社

はじめに

あなたの会社でもこんなことはありませんか？

ある量販店チェーンから依頼されて、全国から集まった店長向けに研修を行ったときのことです。休み時間にひとりの店長が駆け寄ってきて、私に言いました。

「今日の研修はとても役に立ちそうです。目からウロコが何枚も落ちました。しかし……、去年、うちの上司もこの研修を受講したんですよね？　本当ですか？　……全然、変わっていないんですけど……」

上司というのはエリアマネジャーです。研修内容はマネジメント能力や部下育成能力を高め、店舗を活性化して業績向上へつなげていくというもの。確かに店長と同じ内容だったのですが、職場では活かされていないようでした。

一体、なぜそうなるのでしょうか？

私はこれまでコンサルタントとして、そして現在はコーチとして、長年、企業の変革活

動を支援してきましたが、**実に多くの職場がこのような「変革が長続きしない」「しばらくすると、なぜか前と同じ状態に戻ってしまう」という壁に悩まされているの**を目にします。

誰しも研修を受けると、その日、そのときは気分が盛り上がります。「よし、明日から自分は変わるぞ！」「職場が変わるように努力しよう！」と、やる気に燃えます。

中には、先ほどの店長のように「目からウロコが何枚も落ちた」「仕事観が根底から変わった」などと、感激した面持ちで伝えてくる方も大勢います。

しかし、その後はどうなるか？

業種や職種を問わず、なぜか職場に戻ると、1週間もたてば元に戻ってしまうのです。固かった決意もどこへやら、いつの間にか熱が冷め、研修前と同じような仕事ぶりになってしまいます。

なぜ、そうなるのでしょうか――？

また、多くの企業が時流に合わせて、新しい制度や仕組みづくりに積極的に取り組んでいます。

しかし、それは本当にうまくいっているのでしょうか？

例えば、かつてビジネスの世界で「ナレッジマネジメント」という言葉が大流行したことがあります。個々の社員が持っている仕事に関する「知識（ナレッジ）」を広く職場全体で共有化し、組織力を強化していくという手法です。

多くの企業がこぞって導入しましたが、主流はパソコンにシステムを導入して、そこに社員それぞれが自分の持つ「知識（ノウハウ、顧客情報、企画書など）」を入力し、ほかの社員が自分のパソコンから検索・閲覧できるようにするというものでした。

実際のところ、その成果はどうだったでしょうか？

ナレッジマネジメントシステムを機能させる第一歩は、例えば営業なら各営業スタッフが持っている顧客情報、営業案件情報や企画書といった「知識」を入力してもらうことにあります。しかし高額をかけてシステムを完成させたものの、結局、スタッフがろくにノウハウを提供せず、また活用もせず、システムは閑古鳥。上司主導で無理やり集められたのは使えない企画書だけで、実質、入っているデータは〝ゴミの山〟と同じ……というように、実際には運用がうまくいかず、頓挫した職場が後を絶ちませんでした。

ほかにも、BPR（ビジネスプロセス・リエンジニアリング）、SCM（サプライチェーン・マネジメント）、コンピテンシー（業績が高い人の行動特性）、成果主義、コーチング、ウェイマネジメントなど、企業経営に役立つ考え方や仕組みが次々と導入され、取り組まれてきました。

こうした取り組み自体を否定する気はありません。それらを活用して、企業成長に大きくつなげることのできた企業もあるからです。

しかし、全体的には活用しきれずに、「こうした変革行動が続かない」企業が多かったのも事実です。非常にもったいない話です。

なぜ、人や組織は変われないのか？

ナレッジマネジメントにせよ、ほかの数多くの手法にせよ、人や組織・チームの変革行動は、なぜ続かないのでしょうか？

こう質問したら、ある経営者はこう答えました。

「社員やメンバーの気合が足りないからですよ。責任感がないんだ。『何が何でも全うする力』、根性が最近の社員には欠けているんです。スキルも足りないし」

さらに、こう答えたリーダーもいました。

「そもそも、この最新の手法はうちの会社には合っていなかったのかもしれないな。しかたがない……、また新たな手法を探します」

うちの会社の上司もそうですよ、という読者の声が聞こえてくる気がします。

一方で、社員たちはどう思っているかと言えば、ある人は私にこう話してくれました。

「上からあれをやれ、これをやれと言われるたびに従っています。でも、しばらくして期待通りの効果がないと、必ず、『次はこれだ！』と言い出すんです。うちの経営者も上司も飽きやすいんですよ。実行したことを一度きちんと振り返って、反省点や評価点を踏まえて次に進むべきなのに、『今の時代、ビジネスはスピードが命』『朝令暮改くらいではまだ甘い。朝令朝改でなければダメだ！』とか言って、また別のマネジメント手法やスローガンを打ち出してきます。今回も新システムを導入すると言っていますが、長くは続かないでしょうね。社員は、嵐が過ぎるのをじっと待っているだけです」

一体、次から次へと、新しい手を打ち出す経営者やリーダーが悪いのでしょうか？

それとも、社員のほうが悪いのでしょうか？

そうではありません。

単に、経営者、リーダーも社員も、**「継続させるために必要な〝技術〟」を学んでいな**

かっただけです。

そう、変革を継続させ、定着させるためには、技術があるのです。それを身につけていけば、まったく異なった世界が待っています。

成長し続ける人と組織をつくるための技術とは

本書は、部下育成、企業変革を進めるにあたって、「続かない」という悩みを抱える管理職の方へ、そして多くのメンバーを抱えながらプロジェクトを進めていこうとしているリーダー、企業変革を進める経営者の方々に向けて書いたものです。

組織やチームのリーダーが必ずぶつかる「変化が長続きしない」「行動が定着しない」という壁。私自身、これまで多くの企業でコーチする中で、こうした壁に数多く遭遇してきました。

この壁を打破し、職場を変革するには、「なぜ、こうした事態が起きるのか？」「こうした事態にどう対処していったらいいのか？」という2点を知ることが大切です。

この本では、この点を中心に、私が遭遇した事例を紹介しながら、皆さんが職場で実際に使える考え方、使えるノウハウをお伝えしていきたいと思います。これは私が応用行動科学をベースに、「人や組織はどうすれば動くのか？」「どうすれば変革を継続できるのか？」を研究し、15年にわたってさまざまな企業で実践してきた中から得たものです。

本書で紹介するポイントを押さえれば、**成長し続ける社員、発展し続ける組織、いわゆる「自走する人」「自走する組織」を創出することも可能です。**

少しでも参考にしていただき、変革に立ち向かう皆さんの勇気と自信につながれば幸甚です。

株式会社コーチ・エィ　中島克也

変革を定着させる行動原理のマネジメント
目次

第1章 なぜ、変革は続かないのか？

――多くの職場が直面する7つの悩み――22

第3章 変革行動を継続させる5つのステップ

ステップ3 フィードバック――148

ステップ4 承認――168

第4章 人と組織の「慣性」をマネジメントする

第5章 自走する組織・チームのつくり方

第1章

なぜ、変革は続かないのか?

多くの職場が直面する7つの悩み

今、多くの企業が生き残りをかけて、さまざまな変革活動を行っています。私も、日々、社員の考え方や行動を変え、企業を変革させるお手伝いをしていますが、そうした中で経営者や管理職の方からよく受けるのが「変革が長続きしない」「研修後はともかく、その後、なし崩し的に元の状態に戻ってしまう」といった相談です。

なぜ、こうした事態が起きるのでしょうか？　どう対処したらいいのでしょうか？

本章では、まず手始めとして、多くの職場が抱えている悩みはどんなものなのか、また、その原因はどこにあるのかを見ていきましょう。

悩み①　新しいシステムが定着しない

ナレッジマネジメントシステム、サプライチェーンマネジメントシステム……経営力強化を目指してこれまで多くの企業がさまざまなシステムを導入してきましたが、現実にはその多くが有名無実化し、定着しませんでした。

それはなぜでしょうか？

ひと言で言えば、**社員たちがシステムを使うことに「メリットよりも、デメリットを感じていた」から**です。

例えばナレッジマネジメントの場合、営業スタッフが営業に関する「ナレッジ＝知識（ノウハウや情報）」をどれだけ入力してくれるか、が勝負になってきます。

サプライチェーンマネジメントの場合も、営業スタッフがどれだけ精緻な受注予測を立て、それをシステムに正確に入力するかにかかっています。

しかし、待ち受けているのはそれを阻む現実、社員の言い分です。

「ただでさえ忙しいのに、入力に時間を取られるなんてイヤだ。面倒くさい」

「自分のナレッジを他人に真似されたら、自分の売上順位が下がる」

「そもそも、周りのメンバーも入力していないのに……」

「精緻《せいち》な受注予測を入れろといっても、みんな、実際の予測よりも多めの数字を入力している。そうやって商品を確保しておかないと、予想外の受注に対応できないから……。

自分だけバカ正直にやっていたら、チャンスを逃してしまう」

こうしたさまざまな理由で、情報自体が入力されなかったり、期待したものとはまるで違う情報が入力されてしまったりするのです。つまり、運用段階になって、社員の理想的な行動が引き出されず、その結果、「使えないシステム」になってしまうことが実に多いのです。

こうした新システムを導入して成果を上げるには、「理想どおりに情報が入力されること」が不可欠です。そのためには、社員がシステムを利用することに十分なメリットを感じられるようにすることです。

新しいシステムに対しては、当然、社員の中に負担感があります。その負担感（デメリット）よりも、メリットを感じさせる工夫が必要なのです。人は、確実にメリットを手にできることであれば、何も言わなくても動きます。そして、動き続けます。

逆に言うと、ナレッジマネジメントにせよ、サプライチェーンマネジメントにせよ、この考え方を取り入れていなかったから定着しなかったのだと言えます。

悩み② 指示すると一時的に変化するが、長続きしない

これは、職場のスタッフが「**want to do（やりたいからやる）**」ではなく、「**have to do（しないといけないから、する）**」で仕事をしている場合によく起こります。

「仕方ないからする」「上司から怒られないように気をつけながら仕事をする」といった「嫌なことを避けるために行動する」状態で仕事をしている場合、上司が指示すれば、一時的にはスタッフも行動を起こします。

しかし、自発的に行動しているわけではないので行動は継続しません。その結果、業績が上がっても一時的なもので終わってしまうのです。

例えば、ある飲料販売会社の営業所では、月末になると所長が「もっと注文取って数字を上げるまで帰ってくるな！」「おまえなんか、辞めちまえ！」と怒鳴り散らし、部下たちを威嚇《いかく》、恫喝《どうかつ》していました。

営業担当は月初めから半ばまでは怒られないので、のんびりと活動していますが、月末に差しかかると焦って動き始めます。残念なことに、中には顧客先に頼み込んで無理やり必要以上の在庫を置いてもらう「押し込み営業」で数字を上げる営業担当もいます。こうしたケースでは、その場は切り抜けるのですが、結局、お客様からクレームをもらってしまうことも少なくありません。

また、その月のノルマ達成にメドがつくと、わざとペースを落として翌月に受注を回しているケースもありました。

いずれにしても、これでは常に最大限のパフォーマンスを発揮しているとは言えません。

こうした営業担当の行動には、その職場のリーダーが脅迫や恫喝によるマネジメントをしていることが影響しています。

こういう職場でよく見られるのが、**「Jカーブ現象」**です。これは売上や業績、社員の行動（営業訪問回数など）の数値が、月初めは低めなのですが、月末付近になると急激に増加するというもので、その折れ線グラフが英語の「J」のような軌跡を描くため、こう呼びます。成績が評価される期限ギリギリになると、営業担当が必死に営業して回る様子が現れたグラフだと言えます。

先ほどの営業所でも、業績グラフに典型的な「Jカーブ現象」が見られました。ここから脱し、恒常的にパフォーマンスを上げられるようにするために、まず所長による〝恫喝指導〟をなくすことから始めました。そして、社員が楽しんで自発的に意欲的に仕事ができる職場づくりを進めたのです。

所長が長年の習慣を改めるのは簡単なことではありませんでしたが、それでも4カ月が過ぎる頃には「Jカーブ現象」が薄らいできました。そして9カ月には、40営業所中、30位前後という低迷を長らく続けていた業績が15位まで浮上したのです。

なお、上の人間が「ああしろ、こうしろ」と指示ばかりしていると、部下の考える癖がなくなり、「指示待ちスタッフ」が増加していきます。こうなってから「言わないとやらない」「言われたことしかしない」と溜め息をついても仕方ありません。

事細かく指示していくばかりでなく、「問い」を投げかけることも重要です。

「業績を上げるためには、どうしたらいいと思う？」

「そもそも、私たちのお客様は誰？　どこにいる？」

「お客様の期待を大幅に上回るサービスって、どういうものだろう？」

といった根本的な「問い」を職場全体で共有することで、全員が同じ方向を向いて動くようになります。社員自らアイデアを出して、自発的に仕事に改善を加えていくようになります。

悩み③　いくつもの計画が打ち出されるものの頓挫する

一般に、会社には「安全第一」「お客さま第一主義」など、いくつものスローガンがあります。企業理念、ミッションやビジョン、経営計画も多くの会社で用意されています。

しかし、実際にはこうした企画や計画は完遂されず、頓挫しているケースが多いのです。

なぜ、そうなってしまうのでしょうか？

これは多くの場合、**「何をもって達成できたとするのか？」**という達成基準が見えにくいことに原因があります。そのため、例えばスローガンにしても、「安全第一」のようなあいまいなものでとどめるのではなく、「下半期に○○事故の前年比半減化」のように**成果を具体的に特定化**すること。さらには、その成果を生み出すために**必要な望ましい行動**（「安全を目指すための行動指標」など）をリストアップし、**その達成度を測る**ことが必要になります。

社員は「どんな行動を求められているのか？」「ゴールまでどれくらい近づいているのか？」という明確な指針がないと行動を起こしません。目標というものは、あいまいなかけ声だけでは頓挫しやすくなるのです。

また、実際に計画が動き出し、社員が取り組んでいるにもかかわらず、経営サイドや上司、同僚から評価が与えられない場合も、その計画は頓挫してしまうでしょう。「わざわざ取り組んだところで、自分に何のメリットがあるのだろうか？」と社員が考え、二の足を踏んでしまうからです。

したがって、「やって当たり前」といった企業文化がある場合は、特に注意が必要です。やはり、単純なことではありますが、取り組んだこと、その結果、得られた成果を認める（承認する）環境がなければ、行動を継続させるのは難しいでしょう。

悩み④　いったんは盛り上がるが、すぐ元に戻る

研修などに参加したことがある人なら、おそらく経験済みでしょう。

研修に参加すると、その場では気持ちが盛り上がり、「さっそく明日からやろう！」とやる気に燃えます。そして、「できる」という気持ちになっているはずです。

ところが、研修会場から出ると、もうその瞬間から忘却が始まります。1週間もすれば、詰め込んだ知識の半分以上は消え去ってしまいます。

なぜかと言えば、「職場に帰ると、忙しくて実行できない」という現実と「記憶のメカニズム」、この2つが組み合わさるからです。

脳が保存できる情報容量は無限大ではありません。「自分が生き残るのに必要な情報が残ればいい」というのが、脳のメカニズムの本質です。ですから、せっかく研修で頭に詰め込んだ情報も、忙しさにかまけて1週間も使わないでいれば、脳は「必要な情報ではない」と判断し、忘れるようになっているのです。

せっかく研修で得た知識を忘却対象にしたくないなら、何回も「振り返る」こと、実施して「手応えを得る」こと、などが必要です。

なぜなら、1回聞いただけの知識が頭に残るというのは、脳の構造上、難しいからです。何回も頭の中で反復し、実践に移すことで、初めて知識が本当に自分のものとなっていき、記憶として定着するのです。

また、自分自身を変えるというのは、なかなか難しいものです。そもそも、たとえどんなに「変化すること」が素晴らしいことであっても、人の脳の基本的な働きは、これまでのうまくいったパターンを「是」とし、それ以外のものを「エラー」として認識します。つまり、人は生まれつき、変化を嫌う生き物なのです。なぜなら、通常、何らかの変化を受け入れるときには、ストレスや苦痛を味わう上、自分にとって利益（メリット）をもたらす保証はどこにもないからです。

その点、今までのうまくいったパターンや習慣を繰り返していれば安心です。失敗する可能性が低く、変化に伴うストレスを味わう必要もありません。メリットを手にする可能性だって高いのです。

だから、人は変化に抵抗します。この「変化したがらない習性」を「慣性」といいます。「慣性」というのは、もともと物理学の用語で、「動いている（運動している）物体は、外から力を加えない限り、同じ運動状態を続けること」を意味します。たとえば、人工衛星が惑星の周りをぐるぐる回り続けるのも慣性です。

そうです、人にも、この「慣性」があるのです。この**「慣性」**を打ち破って、「変化」を可能にするためには、ストレスに耐えながら、後で述べるような継続的な取り組みをしていく必要があります。

悩み⑤　変革が社内に広がらない

ある会社で、各部署から集めた15名のメンバーで構成された「変革プロジェクトチーム」が立ち上げられました。市場の変化に合わせて業務のやり方を抜本的に変えること、そして、標準化した業務のやり方を全社的に共有化することが目標です。試案をつくり、それが実際に全社的に運用できるか、６カ月にわたってテストランをしました。

プロジェクトチームでの検証を終え、いよいよ全社で展開しようという段階になると、メンバーたちは元の部署に再配属されました。〝変革の伝道師〟として現場で活躍することを期待されていたのです。

ところが、現場からは彼らに対して「新しい業務マニュアルが使いづらい」「もとのやり方のほうがよい。お客様もそれを求めている」「そもそも、これに取り組む意味がわからない」などの不平不満が相次いだのです。その結果、プロジェクトは予定のスケジュールより大幅に遅れたあげく、実施プランも再検討することになってしまいました。

こんなふうに、せっかくの変革プロジェクトや成功が全社的に広がらないというのは、珍しいことではありません。なぜ、こうしたことが起こるのでしょうか?

これは、人に「慣性」があるように、**職場にも「慣性」がある**からです。人と同じように、職場も「変化」を嫌い、これまでのパターンや手法を踏襲したがる特徴があるのです。

人が集まると、その組織の風土が自然に構築されていきます。構成員のキャラクター、その集団が抱えるミッション、環境などにより、その集団が持つ価値観や考え方、行動などが影響されます。こうした価値観や考え方、行動は〝暗黙のルール〟として形づくられ、**「企業・職場風土」**などとも呼ばれます。

こうして一度、形成された風土は「慣性」を持ちます。そう簡単には変わりません。

もうひとつ、職場に「慣性」があることを知らなかったために、変革が失敗したケースを紹介しましょう。

東京に本拠地を置く、あるサービス会社が大阪に支店を出しました。これが国内で初めての拠点展開で、当然、会社からは期待されています。しかし一方で、実はこの会社には「2年連続で赤字を出した部署は、新設部署だとしてもつぶされる」という暗黙のルールがありました。そのため、大阪支店のスタッフは死に物狂いで働き、新商品を開発したりイベントを開催したりと、顧客獲得につながることなら何でもチャレンジしました。そのかいあって2年目からは黒字になり、立ち上げから5年目には一人当たりの売り上げが全社全部門中でトップになったのです。

この現象を見た経営陣は、大阪支店の成功を東京の本社にも広げたいと考えました。そして、大阪支店のスタッフを上京させて東京のスタッフに刺激を与えれば、きっと活性化するだろうと考えたのです。

経営陣は、大阪から10人呼び寄せ、東京の10の部署に一人ひとり分散させて異動配属させました。結果はどうだったでしょうか？

結果は失敗でした。「職場の慣性」という厚い壁の前に敗れてしまったのでした。分散して配属されたために、大阪から来たスタッフは東京の職場のやり方や考え方に押し流されて、力を発揮できず、結果も出せなかったのです。そして、残念なことに、この10人のスタッフの多くが会社を後にしました。

もし、大阪のスタッフ10人を、そのまま集団として東京に異動させたのなら、東京の「職場の慣性」に逆らい、何らかの変革を起こすインパクトをもたらしたことでしょう。

しかし、一人ひとり分散して配置すれば、その部署の職場風土という「慣性」に押し流されるのは自明の理だったと言えます。

このように、**一部の成功、変革を全体に広げるためには、「職場の慣性」に留意することが重要**なのです。

悩み⑥——変革の芽がつまれる

ある証券会社の支店長クラスを集めて、私たちが2日間にわたる研修を行っていたときのことです。この会社は、社長自ら社内報や社外のインタビューなどで「部下育成」の必要性やコミュニケーションの重要性を公言しており、この研修でも、最初に社長の思いをまとめたビデオを流してからスタートしました。

参加者が社長や会社の意図を理解したうえで受講していたため、研修は有意義なものになりました。最後に一人ひとりが発表した感想は、深い気づきと理解に満ちており、その後「お互い、頑張っていこう」というエールまで飛びかい、ボルテージは最高潮でエンディングを迎えたのです。研修は大成功を収めたかに見えました。

そんなとき、研修最後の締めに役員の総括があるということで、営業本部長である常務が研修会場に現れました。その瞬間に、その場の雰囲気が一気に重くなりました。

そして、常務は支店長たちにこんなセリフを浴びせたのです。

「この研修にいくらかけていると思っている？　お前ら、のほほんと受けとらんで、部下に売り上げを上げるよう詰め寄っていかんと、元が取れんぞ！　わかったな！」

ほぼ罵声《ばせい》でした。これでは、当然、支店長たちのやる気も一気にしぼみます。

こんなふうに、せっかくの変革の芽が摘まれたり、順調に進んでいた職場の改革が、ある日突然、頓挫することがあります。それは、日常的に接してはいないものの、その組織に大きな影響を与える経営陣、さらには、店舗を統括するエリアマネジャーや販売部長など、「現場」の組織で働くスタッフに「外から影響を与える人」たちの存在によるものです。

こうした人たちが、たまに現場を訪れては、現場と違うメッセージを発していたら、改革は成功しません。経営陣からの「変革への後押し」がないと、現場は拠り所を失います。拠り所のない改革・変革など、骨抜き同然です。**変革は、経営陣と現場が一枚岩になっていてこそ、継続、進化していくのです。**

千葉県にある飲料販売会社は、私たちのサポートを受けながら、ある営業所で業績向上プロジェクトを実施していました。その営業所の上司にあたるエリア部長も巻き込んでの改革でした。営業所長の努力とエリア部長の協力の結果、4カ月を過ぎる頃には営業所の業績は改善の傾向が見られるようになりました。

ところが、そんな最中、組織改変のため人事異動があり、エリア部長が変わることになったのです。新しい部長はこれまでの部長と異なり、強烈な「指示命令型マネジメント」をする人で、「恫喝をして人を動かすタイプ」として有名でした。

私たちはなんとか人事異動の影響を最小限にとどめるために、新しいエリア部長に会ってプロジェクトの経緯説明と協力依頼をしようと試みました。しかし、残念ながらタイミングが合わず、新エリア部長に会えたのは、着任から2週間後でした。その間、毎日のように、新エリア部長はこの営業所で恫喝し、出始めた「改革の芽」を土足で踏みにじってしまいました。

いくら現場で改革が試みられても、「会社サイド」が現場に足並みをそろえず、変わろうとしなければ、改革は続きません。これが「会社の慣性」です。

企業には「人」「職場」「会社」の3つの慣性があります。この視点は常に押さえておくべきです。

悩み⑦ 業績改善が持続しない

多くの販売会社では、赤字店舗の業績の建て直しを専門にしているスタッフがいます。2〜3人でチームを組み、約1カ月、赤字店舗に張り付き、短期間で業績改善を実現するための部隊です。

彼らは専門的な知識とスキル、ツールを駆使して、店長だけでなく現場のスタッフにも直接指示を与えます。また、多くの場合は、自ら現場に出て、販売を行ったり、売り場改善を実行したりします。

彼らが張り付いている間、店舗全体が緊迫した雰囲気に包まれます。すぐに目に見える成果が出始め、1カ月後にはかなりの業績改善が見られます。その結果が確認できると、専門スタッフは「任務完了」ということで、次の赤字店舗に赴きます。

ところが、「彼らが立ち去ると同時に、もとの低業績状態に戻る」という現象がほとんどの店舗で起きてしまうのです。

なぜ、そうなるのでしょうか？

これは、「業績を改善する」という点にフォーカス（焦点）を当てすぎたからです。そのため、それ自体が最終目的になってしまい、業績が改善し始めた瞬間に「ミッション完了！」という意識に切り替わってしまうのです。

しかし、本来の目的は、スタッフが自分で考え、自分で行動し、振り返り、改善し続ける組織、すなわち〝自走する組織〟をつくることです。

したがって、変革を指導するリーダーは、「業績を改善する」だけではなく、「スタッフに、業績を改善し、それを維持する力をつけさせる」という視点が必要です。「魚を釣ること」も重要ですが、「魚の釣り方を身につけさせること」のほうがもっと重要なのです。

なお、「自走する組織」は偶然誕生するのではなく、そのための技術がありますが、それについては第5章でご説明します。

2つの根本原因とその処方箋

この方法論で現実は変えられる

これまで紹介した「変革が続かない」事例には、それぞれに理由がありました。しかし大きく分けると、理由は2つに絞ることができます。

①行動を継続して起こさせる「刺激の与え方」を知らないこと

②人にも組織にも「慣性」が働いているが、それを軽視していること

「慣性」というのは、前述したように、変化を嫌がり、従来の行動・思考パターンにとどまろうとする性質」のことです。この慣性は、人・職場・会社の3つに備わっています。

さて、この①②を解決するためには、次の2点が必要です。

①まず、人の行動原理を知って、正しい刺激を与える方法を知ること

②人・組織の「慣性」を知って、それを変える方法を知ること

この方法論については、後ほど詳述します。具体的にどの章で扱うか、43〜44ページに表にまとめたので、参考にしてください。自分の会社や職場に当てはまるものがあれば、すぐにでもその章を開いてみていただければと思います。

人と組織は変化を嫌う

「慣性」というキーワードはとても重要なので、おさらいの意味を込めて、ここでまとめておきましょう。

「いやぁ、研修を受けても、実際にはなかなか変われないものですよね」

「職場に帰ると、忙しくてね。ついつい、実行できないんですよ」

人はいろいろな言い訳をしますが、要は、誰しも一度身についた考え方・価値観・行動様式からはなかなか抜け出せないのです。これが「慣性」です。若いときはまだしも、ベテランになってくると――、特に成功体験を積んでくると、一層、慣性が強くなることが多いため注意が必要です。

「Aという現象には、Bという行動を取ればうまくいく」という体験をすると、人は次もその方法を取りたがります。そして、再び成功すると（自分にとっていい出来事が起きると）、今度はそれを「方程式」として扱い始めます。これ自体は問題ではありません。Aという現象に、即、確実にBという反応をすることができると、一般的には成功を手にしやすいからです。しかし、それは「環境が変わらない限りは」という条件付きです。その方程式では対応できない時代や環境になると、問題が発生します。

慣性が強い人ほど、「Aという現象に、時代はBではなくCやDを求めている」ということを自分の中に取り込むことが難しくなってきます。そうして自分自身の慣性に押し流され、判断を誤った方向に導いてしまう恐れもあるのです。

これは、組織も同じです。組織は人の集合体ですから、**組織が大きくなると、それに比例して慣性も大きくなり、無視できない存在になります。**また、過去に大きな成功体験（ひとつの大ヒット商品で急成長したなど）、逆に大きな失敗体験（ひとつの戦略の間違いで多大な負債を抱えた時期があるなど）を持った会社も、大きな慣性を持っていることが多いものです。その結果、変化に対して臨機応変な対応が取れず、判断を間違えたり、舵を切っても組織がなかなかその方向に動いてくれないということが起こりやすくなります。

人と組織は変化したがらない……。

マネジメントは、そういう前提に立って行ったほうがよいでしょう。

もちろん、これは「人と組織は変化しない」ということではありません。

人は、変化することで、「即座に、確実に、ポジティブな結果」が得られるならば、変化に抵抗は示さない、という事実もあります。「このやり方をすれば、ケガをすることは絶対にない」「この手順ですれば、必ず成果が出る」といったことがわかっている場合は、変わることに対する抵抗は薄れます。

抵抗するのは、変革プロジェクトなり、新しいやり方へ移行することによって、「余計な手間が増える」「時間がかかる」「失敗するかもしれない」「成果をあげられないかもしれない」というように、「ネガティブな結果」を伴うことが予測されるときです。

具体的にどうすれば人は動くのか？　組織は動くのか？　そして、それが継続し、定着していくのか？　そのための技術について、次章以降、扱っていきます。

●職場の問題別・解決ページリスト

問題点	継続しない理由	解決方法のキーワード
1新しいシステムが定着しない	●メリットを感じるよりも、デメリットを感じるから	人は、即、確実にメリットがあると動くという前提で、システムを構築する ⇩第2章　人の行動原理をマネジメントする
2指示すると一時的に変化するが、長続きしない	●「脅迫による行動強化」（嫌なことを避けるときに生まれる行動）のマネジメントをしているから	4つの「行動結果」を使い分ける ⇩第2章　人の行動原理をマネジメントする ⇩第4章　人と組織の「慣性」をマネジメントする
3いくつもの計画が打ち出されるものの頓挫する	●「どんな行動が求められているのか？」「現在、自分は目標達成まで、どれくらい近づいているのか？」がわからないから ●やったからといって、評価されないから	特定化、測定、フィードバック、承認、飽き防止 ⇩第3章　変革行動を継続させる5つのステップ

4いったんは盛り上がるが、すぐ元に戻る	●脳の構造上、「だんだんと忘れてしまう」といった現象は、誰にでも起きるから	人の慣性 ⇩第４章　人と組織の「慣性」をマネジメントする
5変革が社内に広がらない	●職場には、職場の行動パターン（職場の慣性）があり、それに押し流されてしまうから	職場の慣性 ⇩第４章　人と組織の「慣性」をマネジメントする
6変革の芽がつまれる	●組織に最も影響を与える経営陣からの後押しがない（会社の慣性）と、拠りどころを失ってしまうから	会社の慣性 ⇩第４章　人と組織の「慣性」をマネジメントする
7業績改善が持続しない	●「業績を改善する」ことだけがフォーカスされ、スタッフ自らが考え、行動する「自走する組織」をつくるという視点がないから	自走する組織のつくり方 ⇩第5章　自走する組織・チームのつくり方

第2章

人の行動原理をマネジメントする

人は「きっかけ」ではなく、「結果」で動く

組織の業績を高める原理とは

人はどのようなときに、ある行動を続けようと思うのでしょうか？　この章では、人の行動の原理原則を押さえながら、応用行動科学をベースに、変革を定着させるノウハウを紹介していきます。

日頃、私たちは無数の行動を起こしています。例えば営業担当者であれば、「その日やるべきことを確認し、やることリストを書き上げる」「顧客に電話をし、訪問する」「顧客と打ち合わせを重ねて提案書を書く」など、さまざまな行動を取っています。

この中には、「望ましい行動」もあれば、「望ましくない行動」もあります。

例えば、「クライアントAに対しては、頻繁にコミュニケーションを取ってニーズを確認しながら、企画書に反映させている」のは望ましい行動ですし、その反面、「クライアン

トBとはほとんどコミュニケーションを取らず、ニーズの把握もそこそこに提案書を書き上げて郵送し、あとは放置している」などは望ましくない行動です。

このように、同じ社員の行動でも、望ましい行動と望ましくない行動が複雑に絡み合って存在しています。

組織は人で構成されており、組織の業績は社員一人ひとりの行動を積み重ねた結果だと言えます。したがって、組織の目的に沿った「望ましい行動」が多くなればパフォーマンスは自然と高くなり、その逆ならばパフォーマンスは低くなります。

だからこそ経営者やリーダー、上司は**「社員に望ましい行動を起こさせる方法」**を知っておく必要があるのです。

行動の原理を示す「ABCモデル」

それでは、社員に望ましい行動を継続的に起こさせるには、どうしたらいいのでしょうか?

これを考えるときに役に立つのが、**「ABCモデル」**です。これは**「人間の行動がいか**

にして起こるか」という、行動の原理原則を示すもので、Aは Antecedents（誘発要因）、Bは Behavior（行動）Cは Consequences（行動結果）の頭文字です。

人が行動を起こす前には、何かしら、その行動を促す事柄やきっかけがあるものです。これが**「誘発要因」**です。

次に、それをきっかけとして、何らかの**「行動」**が起こります。

その結果、行動者（行動を起こす当人）にポジティブな事柄やネガティブな事柄が起こり、行動者は何かを感じることとなります。これを**「行動結果」**と呼びます。

人間の行動はすべて、このように「誘発要因→行動→行動結果」というサイクルに沿って起こるのです。

例えば、「レストランの看板を見て、店に入り、食事をする。値段が手頃でおいしかった」という一連の行動をABCモデルに当てはめると、次のようになります。

誘発要因	レストランの看板を見る
行　動	店に入り、食事をする
行動結果	値段が手頃でおいしかった

図1「ABCモデル」とは

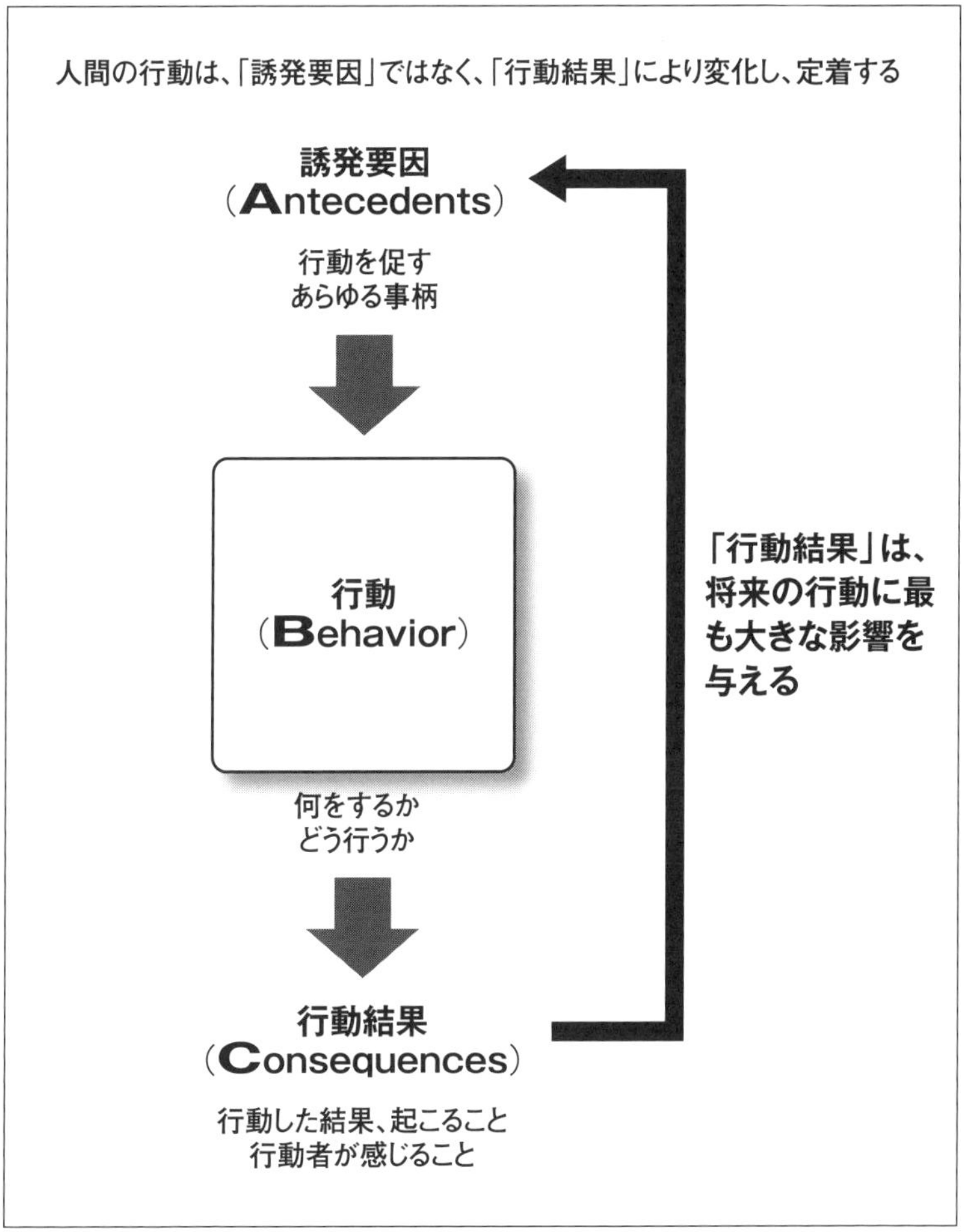
人間の行動は、「誘発要因」ではなく、「行動結果」により変化し、定着する
誘発要因
（Antecedents）
行動を促す
あらゆる事柄
行動
（Behavior）
何をするか
どう行うか
行動結果
（Consequences）
行動した結果、起こること
行動者が感じること
「行動結果」は、
将来の行動に最
も大きな影響を
与える

このようなサイクルを体験すると、人は、次にそのレストランの看板を見たときに、「店に入る」という行動を起こしたくなります。そして、その結果、さらに「サービスがよかった」という新たな体験をすると（行動結果を得ると）、このサイクルが強化されていきます。

一方、「高い割には、まずい料理だった」という行動結果を得ると、次回、「店に入る」という行動は減少するでしょう。

ここで注目すべき点は、**将来、再びその行動が起こるか否か、その可能性を高めたり、減少させたりするのは、「行動結果」による**ことです。

すなわち、その人にとって「値段が手頃でおいしかった」という「ポジティブな行動結果」だった場合、将来、再び「店に入って、食事をする」という行動が起こる可能性が高まります。

しかし、反対に「高い割には、まずい料理だった」という「ネガティブな行動結果」だった場合は、再び来店する可能性は著しく減少します。一度、そのような体験をしてしまうと、その店から「割引クーポン」をもらったとしても（誘発要因を刺激されても）、再び店に行くことは、まずないでしょう。

ここで定義すると、**「将来の行動の頻度は、行動の前に存在する条件（誘発要因）ではなく、その行動の直後に何が起こったのかにより決定される」**ということです。

行動結果をマネジメントする

部下を変えたい、社員を変えたい――。そういうときに、このABCモデルの考え方を使うと効果が期待できます。

まず、社員や部下の行動を変えるファクターには、行動のきっかけを与える「誘発要因」と、行動した結果、本人が得る事柄や感じる内容である「行動結果」の2つがあります。

「誘発要因」には、例えば「～しなさい」と指示を出す、「売り上げを死守しないと、クビだ！」のように脅す、「顧客第一」というスローガンをポスターにしてオフィスに貼り出す、などがあります。

一方、「行動結果」には、上司からのほめ言葉や報酬などがあげられます。

この2つのうち、将来の行動に、より大きな影響を与えるのは「行動結果」のほうです。

図2　誘発要因の例

・レストランの広告や看板
・「○○大学必勝合格」「予算必達」などの貼り紙
・交通標識（「止まれ」の標識、制限速度、信号など）
・タバコの箱に書かれた警告文
・目覚まし時計
・スケジュール表に書き込んだ予定
・会社の制度やルール、規程
・「安全第一」「顧客第一」などの会社のビジョンやスローガン

↓

行動を引き起こすきっかけにはなるが、短期的な効果しかない例えば、右ページの図を見てください。「レストランの広告」「交通標識」「タバコの箱に書かれた警告文」……、どれをとっても行動のきっかけにはなりますが、いずれも効果は短期間で長続きしません。

つまり、望ましい行動を繰り返してもらおうと思ったら、**「行動を起こさせるために何をするか（誘発要因）」ではなく、「その人が行動したのに対して、何をするか（行動結果）」をマネジメントすることが重要**なのです。

ところが現実には、多くの経営者や上司が社員の行動に変化を起こそうとして、さまざまな「行動を起こさせるきっかけ」づくり、すなわち「誘発要因」に関する活動に力を入れてきました。たとえば、ビジョン、ミッション、スローガン、事業計画、コンピテンシー、成果主義人事制度、目標管理制度といったものです。

このような活動は、社員が望ましい行動を起こすようにできたとしても、限られた回数しか期待できません。つまり改善が見られても短期的なもので、元に戻ってしまうことが多いのです。だから、現実を見渡しても、維持できたのは数週間程度、途中で立ち消えになった企業が多いわけです。

本当に社員の行動を変えたいと思うなら、「誘発要因」ではなく「行動結果」に力を入れる必要があるのです。

誘発要因だけでは行動は定着しない

ところが人は、「誘発要因」では行動の改善が見られないことを経験しても、なお「誘発要因」でなんとかしようとしがちです。「誘発要因」を大きくしたり、繰り返したり、過激な表現にしたりというように、いじり始めるのです。

例えば、交通標識の「とまれ」の標識。一時停止を無視する車が多いからと、標識を大きくしたり、点滅させたり、派手にしたりしてドライバーの注意を喚起しようとします。初めて見た人にとっては効果があるかもしれませんが、何度かこの光景を見た近隣住民には効果は継続しません。

職場でも同様です。意味のある「行動結果」がセットにならないと、どれだけ「誘発要因」を与えたとしても、むなしい〝空砲〟に終わります。

例えば、「誘発要因」として、こんな発言をする上司がいたとします。

「ばかやろう！　何度言わせたら気がすむんだ！　おまえなんか、クビにするぞ！」

初めはどのスタッフもびっくりし、怒鳴られないように言うことを聞くでしょう。

しかし、怒鳴られたとしても、実際には自分にとって「ネガティブな行動結果（降格やクビ）」が何も起きないと知ると、誰も行動を起こさなくなります。朝の怒鳴り声に対しても、とにかく聞いているフリ、謝っているフリをするだけで、。実は誰も真剣には聞いていないのです。

このように**「誘発要因」は行動を引き起こす刺激であり、きっかけをつくりますが、効果は短期的で、行動を定着させるには至りません。**なんらかの行動は引き起こされますが、それが継続することは実際には少ないのです。

行動を促進させる・ストップさせる法則

４つの行動結果が将来の行動を決める

「行動結果」にはどのような種類があり、将来の行動を増やすためには、あるいは減らすためには、どのような「行動結果」が効果があるのでしょうか？

まず、「行動結果」には、次の４つがあります。

①承認による行動強化
②脅迫による行動強化
③処罰による行動弱化
④無視による行動弱化

基本的に、私たちは行動した後、これら4つのうちのどれかを手にすることになります。それぞれについて見ていきましょう。

①承認による行動強化
――その行動をすると「ほしいものが得られる」ので、将来の行動頻度は増加する

これは、例えば「提案書を提出したら認められた」「ファインプレーをしたら歓声がわいた」といった場合です。行動した結果、期待した反応が得られること、すなわち**「ほしいものが得られる」状態**です。

例えば、ある上司が、部下の出してきたレポートに対して、「とてもよかったよ」などと認めたり、「この部分はこういうアイデアもあるね」などの的確なアドバイスをしたりしたとします。するとその部下は、自然に「次もいいレポートを出そう」という気持ちになるでしょう。これが「承認による行動強化」です。

承認による行動強化をうまく使える上司に対して、部下は積極的にアドバイスを求めたり、この上司の指示に真っ先に取り組んだりするようになるでしょう。

つまり、自分の取った行動が「すばらしい」「とてもよい」と認められる（承認される）

ことで、その行動が強化されるのが「承認による行動強化」です。

②脅迫による行動強化

――その行動をすると「嫌なものを避けられる」ので、将来の行動頻度は増加する

これは、例えば「提案書の提出期限を守らないと減点だと言われた」「このプロジェクトに参加しなければ降格させると言われた」といった場合です。減点や降格を避けるために、提案書の期限を守ったり、プロジェクトに参加したりするでしょう。すなわち、「嫌なものを避ける」状態です。

ただし、行動は増加しますが、あくまで自発的に望んでやるわけではありませんから、締め切り間際にやっと手をつけ、怒られない程度までしか努力しなくなります。

③処罰による行動弱化

――その行動をすると「嫌なものをもらう」ので、将来の行動頻度は減少する

例えば、「同僚と私語をしていたら、ひどい叱責を受けた」「提案をしたら一蹴された」

図3　4つの「行動結果」とは

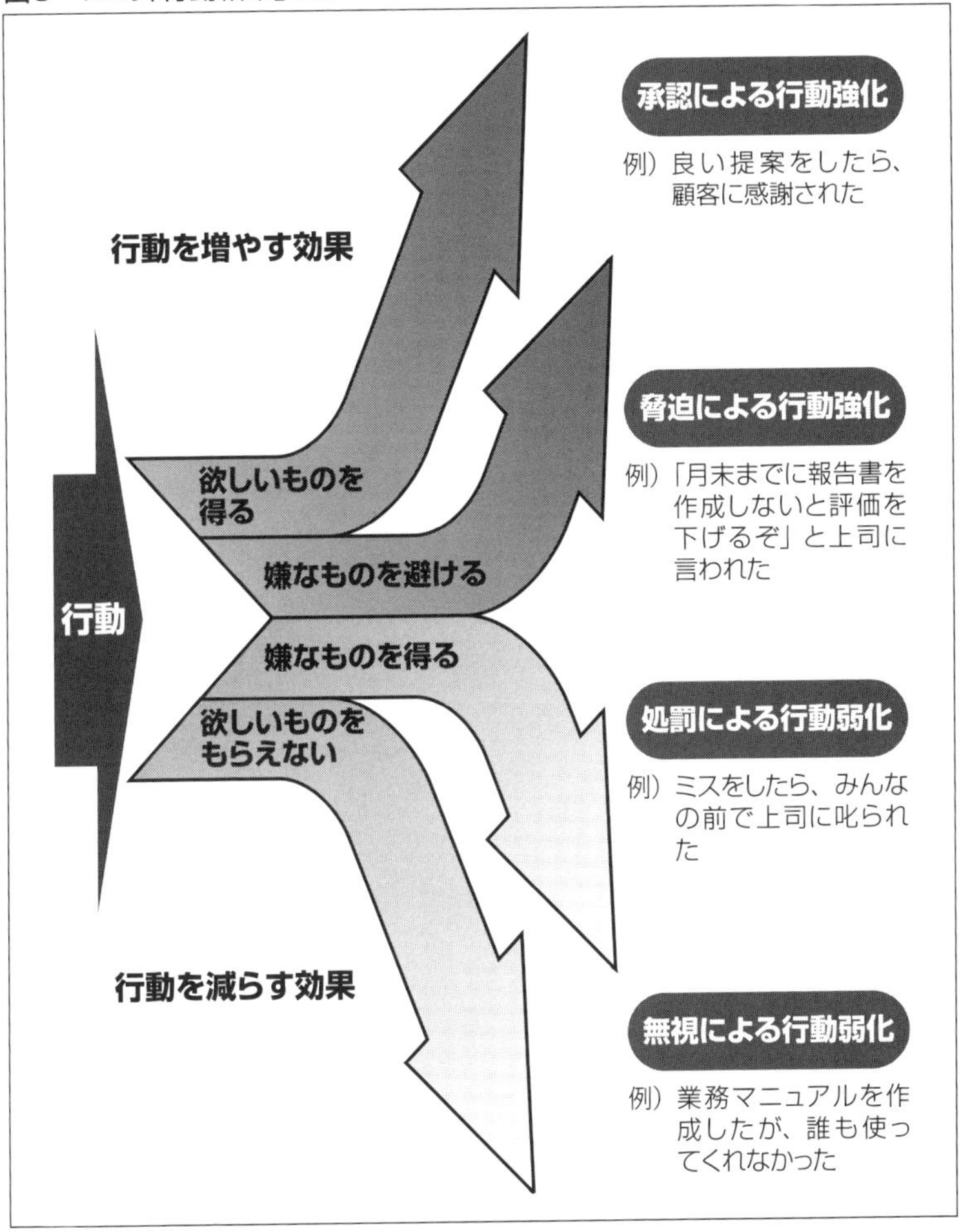
行動を増やす効果
行動
欲しいものを得る
嫌なものを避ける
嫌なものを得る
欲しいものをもらえない
行動を減らす効果
承認による行動強化
例）良い提案をしたら、顧客に感謝された
脅迫による行動強化
例）「月末までに報告書を作成しないと評価を下げるぞ」と上司に言われた
処罰による行動弱化
例）ミスをしたら、みんなの前で上司に叱られた
無視による行動弱化
例）業務マニュアルを作成したが、誰も使ってくれなかった

といった場合です。叱責により私語は減り、一蹴されたことにより提案は減ります。すなわち叱責や一蹴といった処罰により、「嫌なものをもらう」状態です。

ある経営者が「現場の若手社員の意見を聞きたい」と考え、若手社員を集めた昼食会を持ったときのことです。経営者は、その会の趣旨を伝え、「なんでも言っていいぞ」と若手社員を促しました。そこで、ある社員が発言したのですが、その経営者は「君、何を言っているんだ！」と一喝してしまったのです。

結局、その社員はもちろん、その噂を聞いた他の社員も、その後は昼食会で本音を話さなくなってしまったそうです。これが「処罰による行動弱化」です。

④無視による行動弱化
――その行動をしても「ほしいものがもらえない」ので、将来の行動頻度は減少する

ここで言う「無視」とは、「あいさつしたが、相手は無視して行ってしまった」「提案書を上司に提出したが、机の上に置かれたままになっている」といった場合です。自分の行動に対して期待する反応がない、すなわち「ほしいものが手に入らない」状態です。

こうした「無視による行動弱化」も行動を減少させます。

例えば、ある社員が企画書を一生懸命作成し、上司に提出したけれど、上司の机の片隅にいつまでも放っておかれたとします。すると部下は全力で企画書を書く気持ちが薄れ、「この上司にはこのくらいでいいか」とレベルを落としてしまうでしょう。また、「どうせ提出しても見てくれないし……」と、企画書を提出することさえやめてしまうかもしれません。これが「無視による行動弱化」です。

以下、この4つの行動結果について、詳しく述べていきましょう。

「望ましい行動」の回数を増やす法則（承認による行動強化）

承認されると人はその行動を繰り返す

ある行動をすると、ほめられたり認められたり（＝承認）する場合、つまり「ほしいものが得られる」場合、人はその行動を繰り返したり、行動の量を増加させます。これが「承認による行動強化」です。

「承認による行動強化」は、どんな場面で見られるでしょうか？

例えば、スポーツの世界では頻繁に見られます。プロ野球やプロサッカーには応援団やサポーターがいて、選手がファインプレーをすると熱狂的な声援や歓声が起こります。こうした観客の反応によって、選手たちは動機付けされると共に、自分たちにどんなプレーが期待されているのか、ということを瞬時に理解できるわけです。

また、「承認による行動強化」は、インターネットの急速な普及にも一役買ったと言え

図4　承認による行動強化

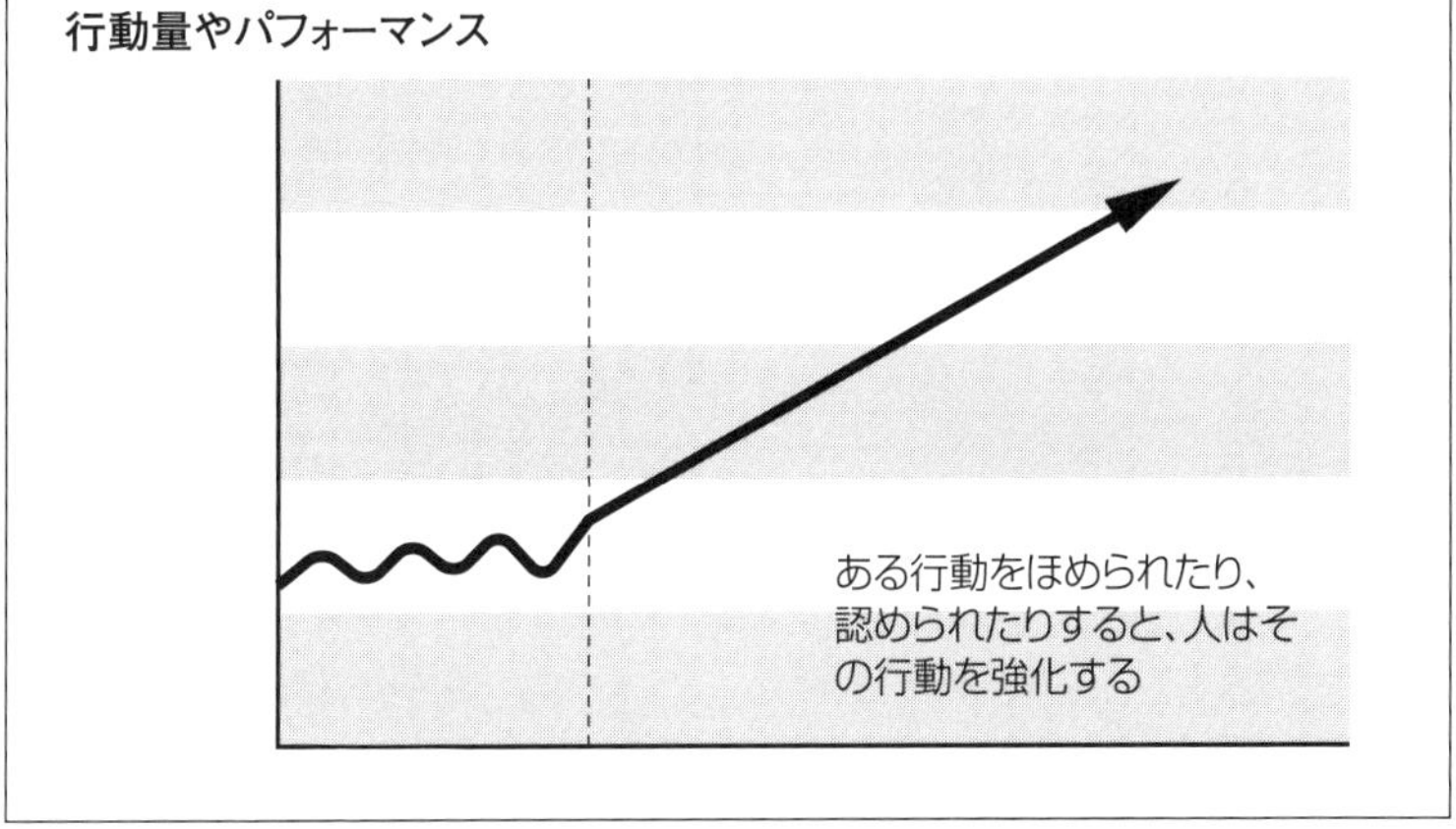
行動量やパフォーマンス
ある行動をほめられたり、認められたりすると、人はその行動を強化する

ます。

インターネットは、アクセスすれば、いつでも思いどおりに情報収集でき、買い物までできます。つまり、「ほしいものを得られる」という行動結果がたやすく得られるのです。インターネットがここまで急速に広まった背景には、こうしたインターネットの特性があったのは間違いないでしょう。

中には、あまりの便利さと楽しさで、時間がたつのを忘れるぐらいのめり込んでいる人、なくてはならない存在となっている人もいます。これも、「承認による行動強化」により、パソコンに向かいインターネットをするといった行動を増加させていると言えます。

ゲームも同様です。時間を忘れるほど熱中するのは、ゲームが「承認による行動強化」を与えるものだからです。ゲームを順にクリアしていく達成感や上達していく成長感、友だちと競い合って優越感を手にするなどの「行動結果」が、行動を反復させるのです。

応用行動科学をビジネスシーンに展開し、企業にコンサルティングを実施しているADI社のオーブリー・C・ダニエルズ氏によると、「ゲームから受ける承認による行動強化の量は、1分間に150回程度ある」そうです。つまり、ボタンを押せば、ゲームの主人公が右に左に、そして飛び跳ねたり、しゃがんだりと、自分の指示どおりに反応することも、「承認による行動強化」と言えるのです。

企業、職場では

では、ビジネスの場面ではどうでしょうか？

あなたは、今週、職場でどのくらい「承認による行動強化」を手に入れることができましたか？

また、部下に対して、あなたはどれだけの「承認による行動強化」を与えることができたでしょうか?

残念ながら、おそらくスポーツやインターネット、ゲームとは比べものにならないほどの少なさではないでしょうか?

「最近の若い者は、どうも根気が足りない」などという言葉をよく聞きます。「最近の若い者は……」といったセリフはローマの遺跡にも刻まれていたそうですから、いつの時代も次の世代に対する戒めとして言われ続けてきたものです。

しかし、どうも今までとは少し異なってきたように感じます。

これは、今の若い人たちが育った環境があまりにも激変したからだと思えてなりません。幼いときからゲームに触れ、インターネットを操り、携帯電話を持ち歩いている世代です。町ではコンビニエンスストアが一日中開いており、常に便利さを追求してきた社会の恩恵にどっぷりとつかり、ツールを使いこなしている世代です。

言いかえれば、日常生活から膨大な量の「承認による行動強化」を受け続けてきた世代なのです。即、確実に、メリットを手にしてきた世代が、面倒くさいことや時間がかかることには抵抗感を示し、易きに流れやすいのもうなずけます。

そんな彼らが社会人になり、会社に入ったとたんに「承認による行動強化」の量が激減したら、どうなるでしょうか?

すぐに会社をやめたり、業務に打ち込まず、プライベートな部分へ逃げるような態度を取ったりするのもわかる気がします。

ほめるなら、「やっている最中」が効果的

「承認による行動強化」は、「行動をしている最中」、次に「行動が終わった直後」に行うのが最も効果的です。それは、行動者が「どの行動に対して、『承認による行動強化』が行われたか」をはっきりつかむことができるからです。

先ほどのスポーツの世界で言えば、競技の最中に「承認による行動強化」が得られるために、「何（どんなプレー）をすればいいか」が明確になっています。

私たちがゴルフをする場合なども同じです。打ち終わった直後に「ナイスショット！」と声がかかるから意味があるわけです。これがもし、全ホール終わってから、風呂で汗を流し、ビールで一杯やっているときに、「そうそう、君の3番ホールのショットはよかったね」と振り返られても、打った本人は何がどうよかったのか、理解できないでしょう。

ビジネスの世界でも同じです。

新人営業マンに、先輩社員や上司が同行営業することがあります。目的は、新人営業マンの前で営業の手本を見せ、モデルとしてもらうこと、そして、新人営業マンの営業を横で観察し、後で「ここがよかった」「このやり方はだめ。こうするといい」というようにフィードバックすることです。

特に後者の場合は、営業が終わった直後に「振り返り」を行うのが最も効果的です。名刺交換などのビジネスマナーから、ヒアリングの方法、話の展開の仕方、企画書などのプレゼンテーションの仕方などで、よかった点、改善点を即座に指摘するのです。

そうすると、**「本人の行動と、指摘の関連性」が明確なため、望ましい行動は維持され、定着化します。同時に、悪かった点については改善の方向が示され、次回の営業の課題となるわけです。**

ところが、実際には、時間がたってから「あの件だけど……」「あのとき実はこう思っていたんだけど……」とフィードバックしている様子がよく見られます。

先ほどのゴルフの例同様、何に対してフィードバックをもらっているのか、関連性が曖昧なため、望ましい行動を維持したり、改善したりする効果は激減してしまいます。

効果的なほめ方、効果ゼロのほめ方

「承認による行動強化」とは、「ほめられる・認められる」といった承認をされることで、行動が強化されることです。ほめられて嬉しい。だから、もっとその行動をする、というわけです。しかし、「どうほめられるのが嬉しいか」は、人によって異なります。そこを見誤ると、ほめたことで、逆に相手のモチベーションを下げてしまうことさえあります。

ある地域で多店舗展開しているスーパーでの出来事です。

A店のK店長は、地域に密着した店舗を目指すために、店舗で働くパート社員に対し、「主婦感覚の商品コーディネート提案」のアイデア募集を行いました。A店のパート社員のほとんどが主婦だったため、たくさんのアイデアが寄せられました。

中でも、Nさんは週に1、2回はレポートをまとめて提出するという熱心さでした。その内容と積極性に感動したK店長は、感謝の言葉を直接、Nさんに伝えました。それからというもの、ますますNさんはさまざまなアイデアを提出し、さらに競合他社の取り組み状況についてまとめたレポートを出すまでになったのです。

K店長は、Nさんの行動をモデルにして、店舗全体にその活動の輪を広げたいと思いました。そこで朝の全体ミーティングのときに、みんなの前にNさんを出し、「実は今回の活動に、Nさんはこんなにレポートを書いてくれた。みんなも見習って、どんどんアイデアを出すように。Nさん、本当にありがとう」とほめたのです。

しかし、驚くことにその日を境にNさんからのレポートはパタリと止まり、二度と提出されることはなかったそうです。

このように、よかれと思ってした行為も、相手は嫌なものととらえる可能性もあるのです。Nさんにとっては、店長から「直接、個別に」ほめられることは非常に嬉しいことであり、レポートの提出回数や内容を向上させる要因になりました。しかし、朝の全体ミーティングという場（特に女性の多い職場）で、「みんなの前で」ほめられることは苦痛だったのでしょう。

よく管理職の方から「効果的なほめ方とは？」と聞かれますが、すべての人に、すべての状況に合ったほめ言葉などひとつもありません。

それでもコツというものがあるとすれば、自分（ほめる側）ではなく、相手（ほめられる側）の立場に立って、「どうほめたら喜んでくれるか？」を考えることに尽きます。それでこそ、やる気や自発性を強く促すことができ、相手は動機付けられて「望ましい行動」が増加していくのです。

無理強いは絶対に長続きしない（脅迫による行動強化）

一時的に行動するが、要求をやめると行動が止まる

「ノルマを達成しないとクビにするぞ！」

「ばかやろう、もっと客先を回ってこい！　ダメなやつだ」

上司から怒鳴られたくないために、あるいは処罰を受けたくないために、必死で仕事をする職場があります。これは「脅迫による行動強化」が行われている職場だと言えます。

この場合、図に示すように、急激に行動が増加しますが、ある点に達すると一気に減少していきます。たとえば、ノルマ達成の期限直前は上司から叱られるのを避けるために営業に走り回って業績を上げるものの、それが過ぎれば怒鳴られませんから、とたんにやらなくなってしまうわけです。

この期限ギリギリにパフォーマンスが上がる部分は、英語の「J」のような軌跡を描く

図5　脅迫よる行動強化

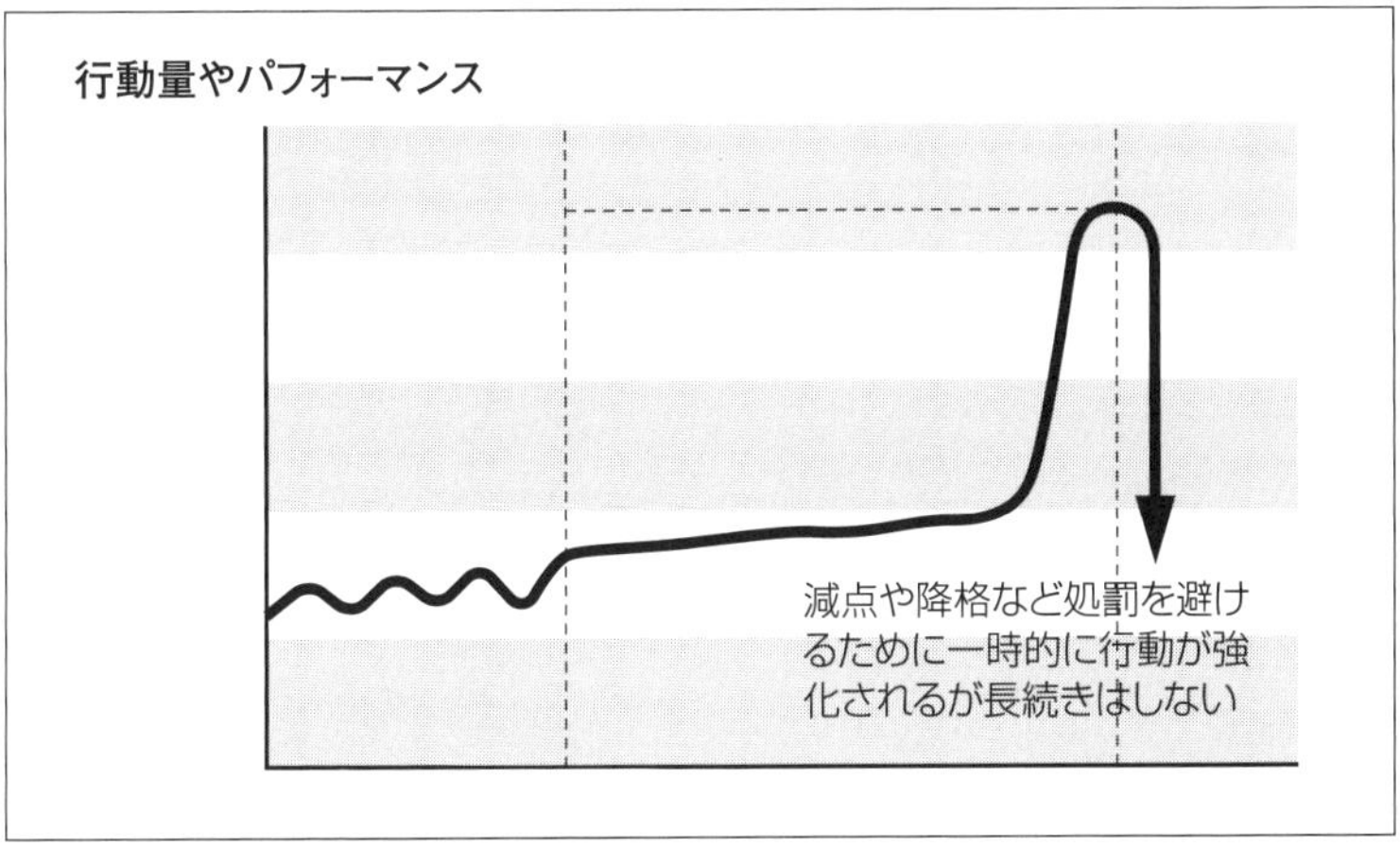
行動量やパフォーマンス
減点や降格など処罰を避けるために一時的に行動が強化されるが長続きはしない

ため、**「Jカーブ現象」**と言います。

「脅迫による行動強化」は、高速道路を走っているときに、すぐそばにパトカーが来たときのことを想像してみると、わかりやすいかもしれません。

制限速度内で走っていたとしても、バックミラーにパトカーが映ったら、反射的に速度を落とす人が多いと思います。これは「制限速度を守る」という行動が強化されたのです。しかし、ほとんどの場合、パトカーが視界から消えると、またもとのスピードに戻ってしまいます。

あるいは、学生時代の定期テストを思い出してください。定期テストは実施日が決まっているわけですから、その日に向けて計画的に勉強していけばいいはずです。ところが、好きな教科はともかく、嫌いな教科はぎりぎりまで取り組まず、必死で一夜漬けした経験が誰でもあるのではないでしょうか。

つまり、テストの日が近づくと、成績が悪くなるとか親に叱られるという「嫌なこと」を避けるために、「勉強する」という行動が強化されたのです。しかし、テストが終われば元どおり、嫌いな教科の勉強は次のテストの直前まで放っておかれます。

このように、**「脅迫による行動強化」は長続きしないのが特徴**です。

もともと、「嫌なもの」を避けるためにしている行動ですから、必要最低限のことしかせず、「嫌なものを避けられた」と思ったと同時に元に戻ってしまうのです。

望ましくない副作用――「逃亡」と「回避」

「脅迫による行動強化」には、また、望ましくない副作用が出てくるというデメリットもあります。**「逃亡」**と**「回避」**です。

オフィスに厳しい上司がいるときは、ピンと張り詰めた緊張感が漂っているものです。

その上司が自分の近くを通りかかると、何も用事がないのに手帳を広げたり、資料を探し始めたり、極端な例で言うと、電話しているフリをする社員さえいます。このように、**「なにかしらの行動をすることによって、嫌なこと（この例では上司との接触）を回避する」**ことを「回避」といいます。回避行動は（電話をしているフリをする、など）、その上司がいるときにだけ強化されます。

言うまでもなく、回避行動は非生産的ですし、活気ある職場とはほど遠い状況をつくる要因となります。

また、物理的に接触しなければ、嫌なものに関わらなくてすみますから、「その場からいなくなる」「外出したままオフィスに戻らなくなる」などの「逃亡」も見られるようになります。逃亡も、回避と同様、業績面でプラスにならないことは明らかです。

こうした上司が外出や出張などでいないと、オフィスの雰囲気がまったく異なることもあります。

引き出せるのは必要最小限の行動のみ

また、「脅迫による行動強化」では、嫌なもの（例えば処罰など）から逃げたり、避けたりするために行動するので、必要最小限の行動しか得られません。「怒られない程度にやっておこう」というわけです。

これでは、部下のパフォーマンスを最大限に引き出すことはできません。営業マンが月間の売上ノルマを達成してしまうと、まだ月半ばであっても、とたんに受注や営業行動が伸び悩む現象をよく見かけます。これは、ひとつにはノルマを達成したので安心して気が抜けたこと、もうひとつは「これ以上やってしまうと、翌月、ノルマを上乗せされてしまい、大変になる」と警戒しているからだと想像できます。

また、前述した「Jカーブ現象」も起きてきます。私たちは、営業所などの活性化プロジェクトを始めるときは、必ず初めに業績グラフを見せてもらうのですが、そこで「Jカーブ現象」が見られたら、「ふだんのマネジメントが、〝have to do〟の仕事をさせている証拠だ」と考えます。

「have to do」とは、「しかたないからやる」「せざるを得ないからやる」という行動です。でも、そうした環境では、やっても一時的、しかも最低限の行動しか引き出されません。そして、創造的でなく、そもそも楽しくなんかありません。

これを「want to do（したいからする）」に変えると、「指示されなくても、自分から進んでどんどんやる」社員に変わります。職場が活性化してパフォーマンスが上がり、アイデアもどんどん出てくるようになります。業績グラフも一直線に上がっていき、要求されるレベルを超えても、さらに上がっていくようになります。

アクセル全開で突っ走る組織に変わるために

では、「have to do」から「want to do」に行動を変えるには、どうしたらいいのでしょうか?

それには、「承認による行動強化」を使う必要があります。

つまり、「嫌なものから避けるために行動」する社員たちから、「ほしいものが手に入れるために行動」する社員たちへと変えるのです。どちらのタイプの社員のほうが創造的で、積極的にパフォーマンスを上げていくかは自明です。

「脅迫による行動強化」が行われている職場の社員、つまり「have to do」で仕事している社員は、例えて言うなら、周りの車の様子をうかがいながらアクセルを微妙に調整しつつ運転しているようなものです。

一方、「want to do」で仕事をするというのは、レース場でアクセル全開、フルスロットルで走り抜けていくようなもの。この2つは、それくらいかけ離れた状態なのです。

あなたの職場はいかがですか？

「have to do」でしょうか、それとも「want to do」の職場となっているでしょうか？

部下がアクセル全開、フルスロットルで駆け抜けていますか？

ある行動を減らす法則（処罰による行動弱化）

処罰を受けることで行動は急激に減少する

濡れた手でコンセントに間違って触れてしまい、感電したことはありませんか？

このように嫌なことを体験すると、人は同じ行動を起こさないよう、注意深く生活するようになります。これが「処罰による行動弱化」です。これを受けると、その後の行動は急激に減ることになります。

望ましくない行動をした部下に対し、他の部下たちの前で一喝する——。これは「処罰による行動弱化」でしょうか？

そう考えがちなのですが、必ずしもそうとは限りません。定義から言うと、「嫌なものを手に入れた」状態で、将来の行動が減少することが「処罰による行動弱化」に当たります。したがって、それによって将来の行動が減少しないならば、「処罰による行動弱化」

図6　処罰による行動弱化

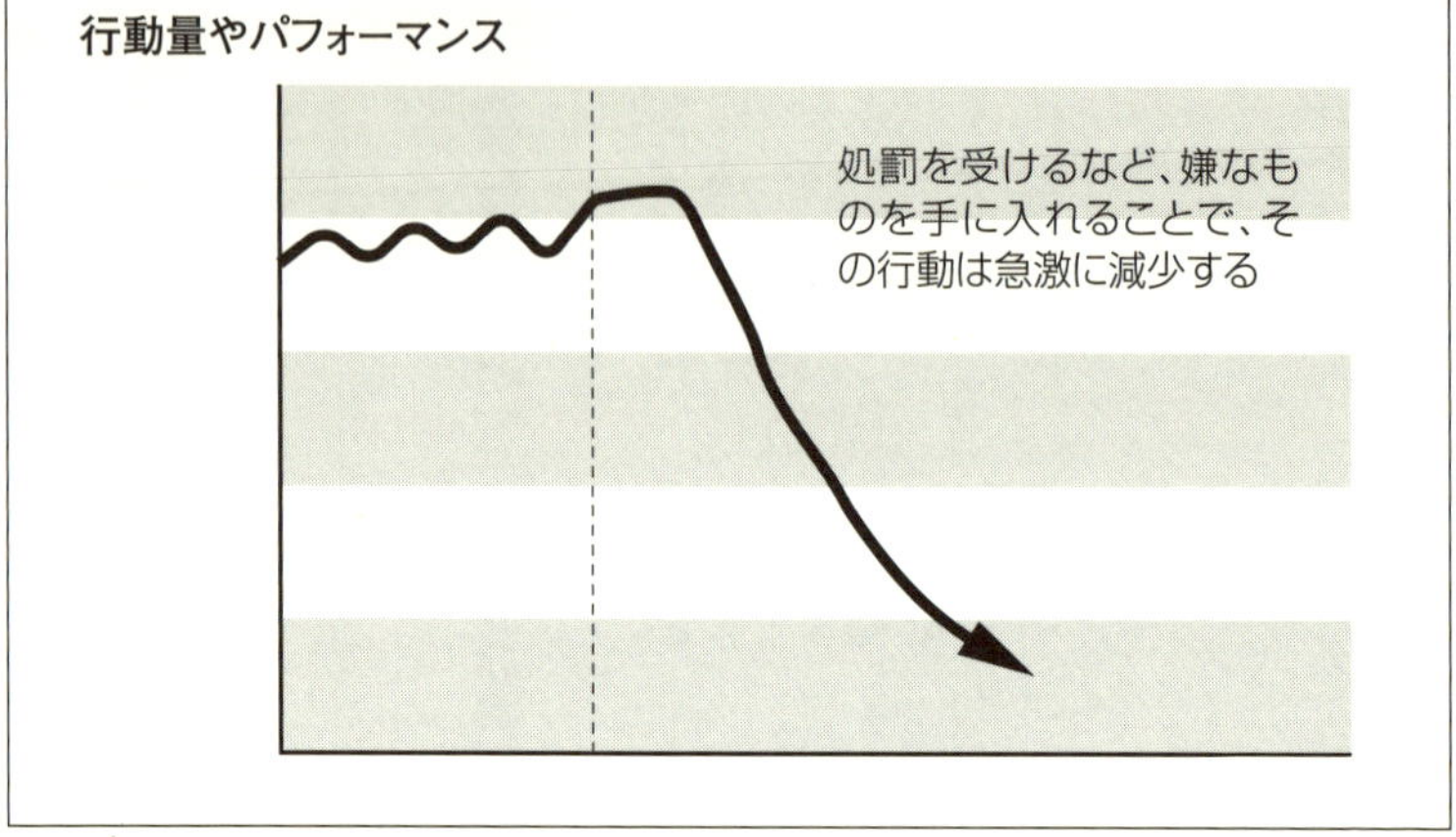
行動量やパフォーマンス
処罰を受けるなど、嫌なものを手に入れることで、その行動は急激に減少する

とは異なる行動結果を受けたことになります。

例えば、大勢の前で一喝したとしても、何も行動に変化なく、その行動をし続けた場合などがそうです。その人にとっては、「大勢の前で一喝される」のは、ここでいう「処罰」に相当しなかったわけです。

「承認による行動強化」の中での事例で、スーパーのパートの方の話を思い出してください。店長はみんなの前でほめることが「承認による行動強化」になると思っていたわけですが、実際には提案するという「行動」が減少してしまいました。この場合、行動が減少したわけですから、これは「処罰による行動弱化」だったと考えられます。

このように、「処罰による行動弱化」になるか否かは本人が決めることで、上司が決めることではないのです。

「望ましくない行動」を止めるリスク

「処罰による行動弱化」は、行動を止める効果はありますが、併せて「期待する行動」を示していくことが大切です。これをしないと、まったく予想もしなかった「望ましくない行動」が発生する危険性もあります。

例えば、私が以前に関わった、ある職場では、アイデアや提案を上司に出してくる社員がいました。アイデアを出す行為そのものはよいのですが、どのアイデアも上司が期待しているものとは、少し違うものでした。上司は一つひとつ、「これは、いまいちだな」「それは無理だろう」とフィードバックをしているのですが、なぜかその後も、ずれた提案ばかりが上がってくるのです。

なぜ、こういうことが起こるのかと言えば、肝心の「こういったアイデアがほしい」という「期待する行動」を部下に明確に示していなかったためでした。

例えて言うなら、モグラたたきのようなものです。モグラはたたかれると引っ込むものの、また別の穴からひょっこり顔を出します。しかも、本来、顔を出してほしい穴からは顔を出さず、思いもよらない場所に新たな穴を掘って、突然顔を出してきます。

これは、特に行動頻度が高い、エネルギッシュな部下によく見られるケースとも言えます。次から次へとあらゆる行動を起こしては――偶然望ましい行動をすることはありますが、大抵は問題行動であるため、上司からしょっちゅう注意を受けることとなるのです。

無視・無関心が行動を減少させる（無視による行動弱化）

無視によって行動はまず暴発する

エレベーターに乗る場面を想像してください。ボタンを押してしばらくすると、エレベーターが到着します。

エレベーターがなかなか到着しないとき、人はどんな行動を取り始めるでしょうか？　そわそわし始め、到着するのが早まることはないとわかっていても、ボタンを連打してしまったりします。しかし、やはり無駄な行動だと感じると連打もやめ、いらだちながらもおとなしく待っていることでしょう。

ジュースを自動販売機で購入するときには、硬貨を入れますが、それがなぜか返却口に落ちてくることがあります。こんなときには「あれっ?」と思いながら、何度かトライすることでしょう。

図7　無視による行動弱化

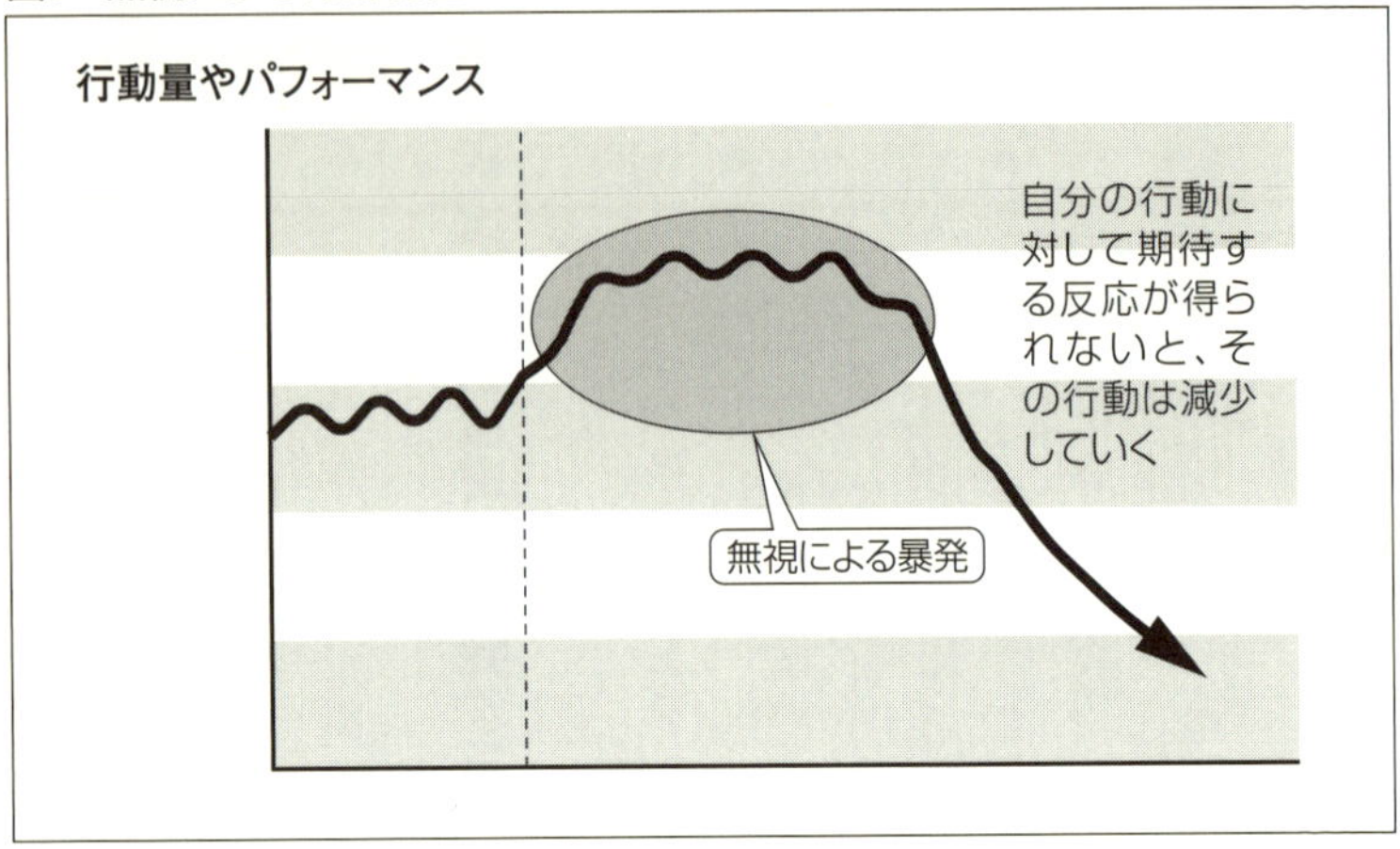
行動量やパフォーマンス
自分の行動に対して期待する反応が得られないと、その行動は減少していく
無視による暴発

何度かその行動を繰り返して、それでもだめな場合は、別の硬貨を使うか、いらだちを隠せず自動販売機をたたいてしまうこともあるかもしれません。しかし、「それでも状況は変わらない。無駄だ」と理解できると、買うのをあきらめるか、別の販売機に移動します。

これらはすべて、「無視による行動弱化」です。

人はある行動を取ることで、今までなら手に入っていた「ほしいもの」が急に手に入らなくなると、まず、その行動を一時的に爆発的に増加させます。これは、**「無視による暴発」**と呼ばれる現象です。

しかし、暴発によって一時的に行動が増加しても、**「その行動が無駄だ」と理解**

すると、緩やかにその行動は減少していくのです。

行動を弱め、ついにはその行動を止める

前述したように、「無視による行動弱化」は、暴発的な行動の増加を経た後、結果的にはその行動が減少していき、最後には止まってしまいます。

例えば、購入したゲーム機が最初は軽快に動いていたものの、接触不良のためボタン操作がうまくいかなくなった場合を考えてみてください。コントローラーを右に動かすと、大抵はキャラクターが右に動くものの、何回に一度かは動かない場合、かなりのストレスになります。そうなると、自然とゲームに向き合う時間が減少していくでしょう。

今ではビジネスに欠かせないパソコンは、驚くべきスピードで高速化、大容量化が進みました。そのスピードについていくのは大変ですが、一度バージョンアップしてその利便性を手にしてしまうと、前の状態には戻れない、そして耐えられないのが現実です。

作業中に、度々フリーズしてしまうパソコンを使い続けることはできないのではないでしょうか。古いパソコンは、あなたに対し、フリーズすることで「無視による行動弱化」

を起こしているのです。

また、インターネットでさまざまなサイトにアクセスする人でも、快適なスピードで見ることができないサイトからはすぐに立ち去ってしまうことも多いでしょう。これも「無視による行動弱化」です。

承認しないことは無視することと同じ

私たちは日々、さまざまな行動をしています。それは部下も同じです。その行動には、「望ましい行動」もあれば、「望ましくない行動」もあるでしょう。しかし、いずれにしても、ある行動の後に「無視による行動弱化」を使ってしまうと、その行動を抑制し、ついには止めてしまいます。

「おれの背中を見て育て。いちいち口で言わなくても感じ取れ」といった、いわゆる昔気質のマネジメントを行っている方には少々耳が痛いとは思いますが、「何もしないのは、何かをすることだ」ということです。

つまり、部下の「望ましい行動」に対して何もしない、つまり無視すると、いずれその行動を減少させ、止めてしまうことになるのです。

複数の部下を持つ上司で、すべての部下にまったく同じように接していると自信を持って言える方はどのくらいいるでしょうか?

10人の部下を持つ上司であれば、自分の時間のぴったり10分の1ずつを、それぞれの部下にかけているという方は、まずいないでしょう。問題を抱えた部下が1人か2人いれば、かなりの時間をその部下のために使っているのではないでしょうか?　だとすれば、その上司は、会社に利益をもたらす部下の優れた業績を無視している可能性もあります。

手のかかる部下を世話するのも大切ですが、問題を起こさず頑張っている他の社員にこまめに声をかけ、ほめて承認することをおろそかにしてはいけません。「手がかからないから」といって放っておいたら、「無視による行動弱化」を招きます。

4つの行動結果を使い分けて部下を変える

部下の「望ましい行動」を増やすには？

ここで4つの行動結果を整理すると、次のようなことが言えます。

①承認による行動強化
②脅迫による行動強化
} **行動を増加させる**

③処罰による行動弱化
④無視による行動弱化
} **行動を減少させる**

今、あなたの部下やスタッフの行動には、どのタイプの行動結果が影響しているでしょうか？　それを特定するために、次の質問に答えてください。

問　あなたの部下やスタッフが、日常的に取っている行動をイメージしてください。その行動は増加と減少、どちらの傾向にありますか？

増加している場合、それはなぜですか？

a）結果として「ほしいものを得た」、すなわち「承認による行動強化」だったから

b）結果として「嫌なものから逃げる」、すなわち「脅迫による行動強化」だったから

減少している場合、それはなぜですか？

a）結果として「嫌なものを得た」、すなわち「処罰による行動弱化」だったから

b）結果として「ほしいものを得ていない」、すなわち「無視による行動弱化」だったから

すべての行動には、この4つのパターンの行動結果がついてまわります。それをうまくコントロールすれば、「望ましい行動」を増やすことも、「望ましくない行動」を抑えるこ

ともできます。

「望ましい行動」には「承認による行動強化」と「脅迫による行動強化」、「望ましくない行動」には「処罰による行動弱化」と「無視による行動弱化」を使えばいいのです。

私がこう説明すると、ときどき、「何を今さら、当たり前のことを！」と一蹴する経営者や管理職がいます。しかし、そういう人ほど、この４つの行動結果を使い分けられずにいたりします。

あなたの職場で起こっている行動の中に、「望ましい行動」はありますか？　または、「望ましくない行動」はありますか？　もちろん、「望ましい行動」もあるでしょうが、多くの方は部下の問題行動に悩まされているのが現実です。

そこで、その現実と、４つの行動結果を結びつけて考えてみましょう。解決策が見えてくるはずです。

例えば、「入社当時、積極的で提案をいっぱいしてきていたA君は、最近は提案をひとつもしてこないし、元気もない」というケースは、どう考察できるでしょうか？

以前はあった「望ましい行動」が減ったわけですから、望ましい行動に対して、「処罰による行動弱化」（例：提案や企画を出しても、一蹴された）か、「無視による行動弱化」（例：出しても、何も評価されなかった）が与えられ、「承認による行動強化」がなかった

図8　問題行動を消去し、「望ましい行動」を促進させる

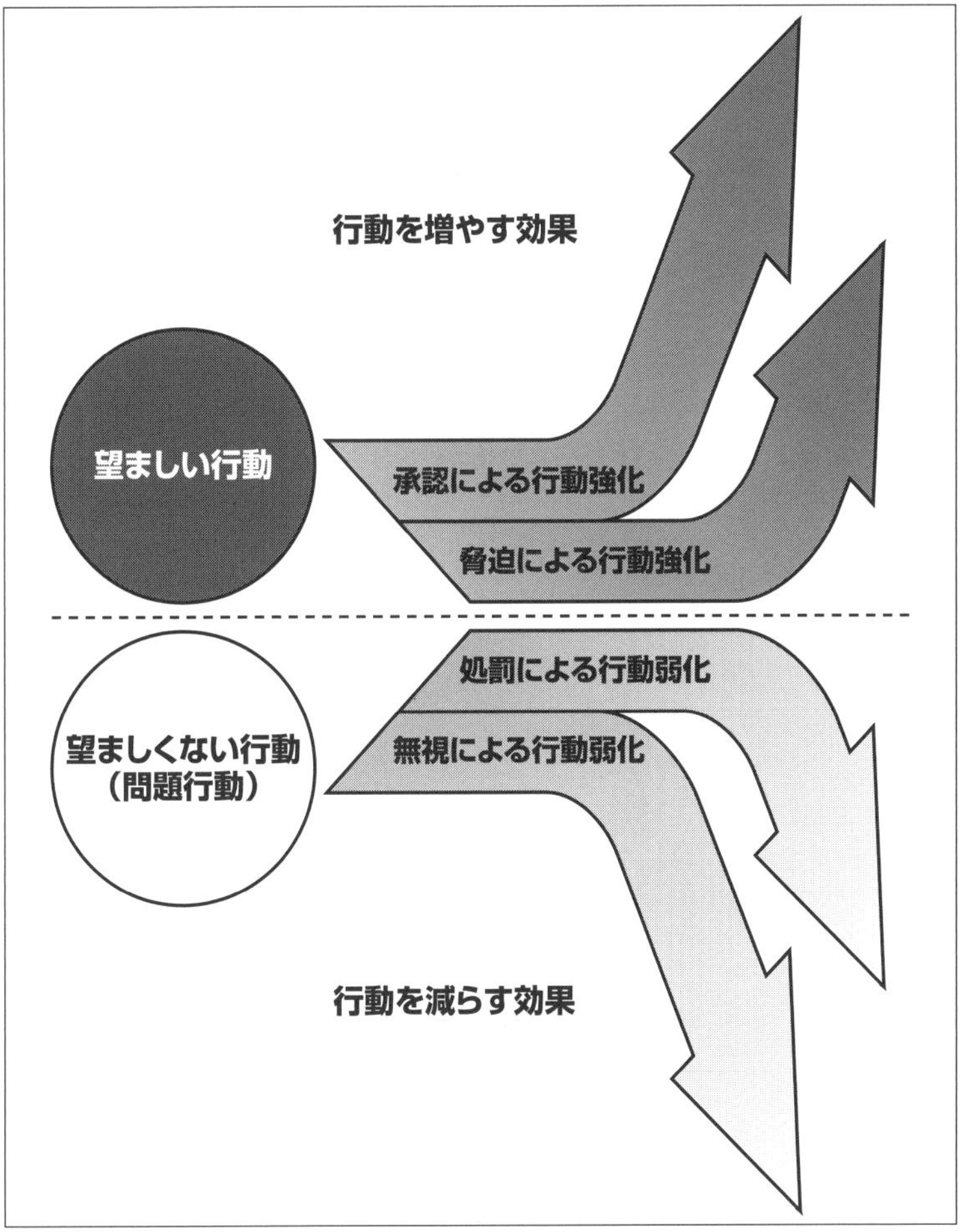

可能性があります。

逆に、数字を上げるためなら不正さえも厭《いと》わない社員がいたとします。

これは、「承認による行動強化」（例：会社や上司が「数字を上げることだけ」を評価をしてしまっている）か、「脅迫による行動強化」（例：数字を上げないとひどい目にあう）がされている恐れがあります。また、「不正」という望ましくない行動に対し、「処罰による行動弱化」が十分に行われていなかったことも意味します。

人を動かすには「承認」と「脅迫」のどちらが効果的か

「行動や成果を増加させる方法には、『承認による行動強化』と『脅迫による行動強化』の2つがあることはわかりました。どちらも目標達成できるのだから、『脅迫による行動強化』をしてもいいのではありませんか？」といった質問を受けることがあります。

確かに「脅迫による行動強化」でも業績を上げている企業や組織はあります。しかしながら、そういう組織では、91ページに載せたグラフの①線のように、業績は成果目標に対して「Jカーブ」を描くことが多いのです。

図9 「承認」(want to do)と「脅迫」(have to do)の違い

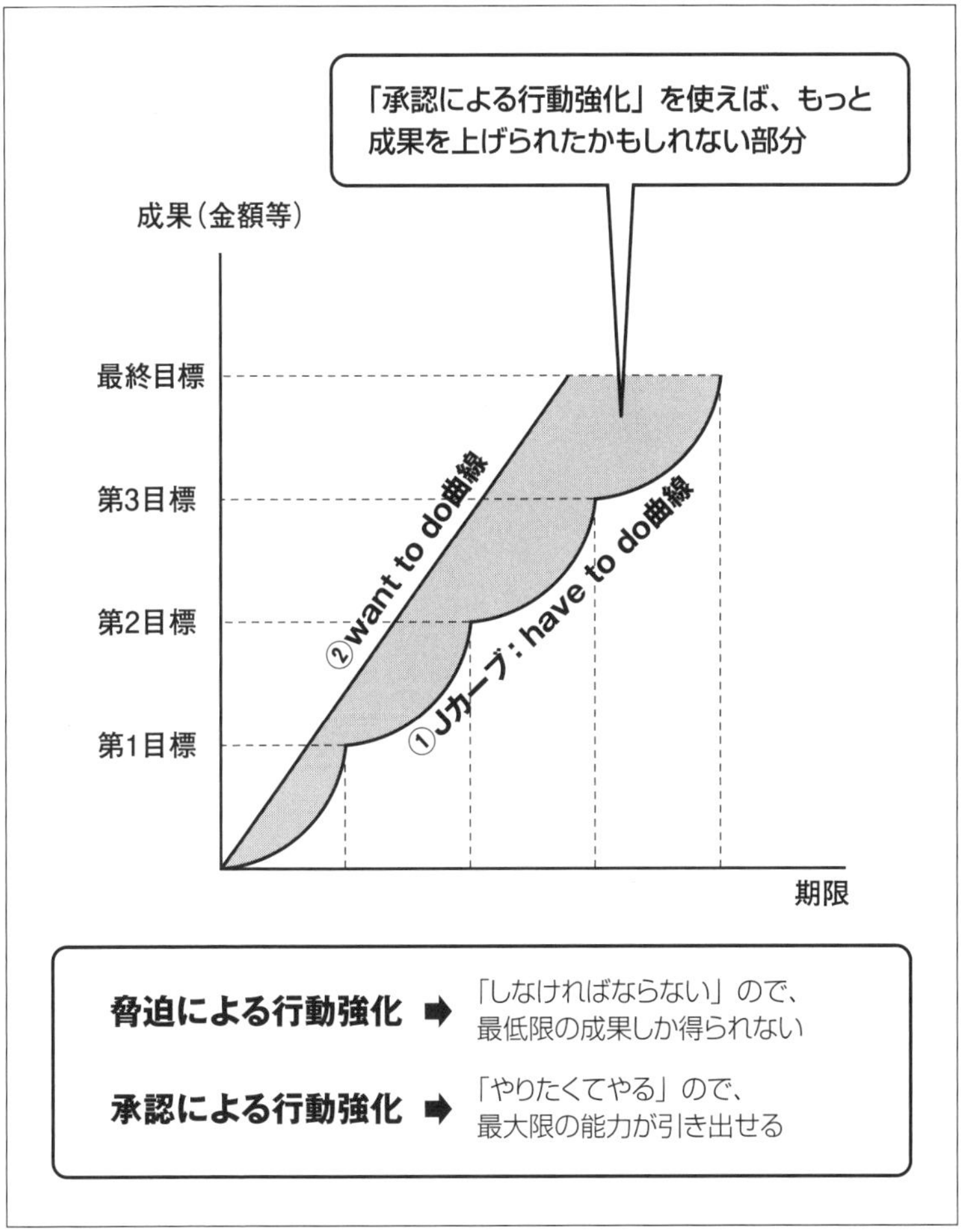
「承認による行動強化」を使えば、もっと成果を上げられたかもしれない部分
成果(金額等)
最終目標
第3目標
第2目標
第1目標
②want to do曲線
①Jカーブ：have to do曲線
期限
脅迫による行動強化 ➡ 「しなければならない」ので、最低限の成果しか得られない
承認による行動強化 ➡ 「やりたくてやる」ので、最大限の能力が引き出せる

期限までに達成すれば「脅迫（叱責など、嫌なこと）」から逃れられるため、自発的に動くことはほとんどなく、期限間近になってから急にあたふたしたり、残業が増えたりする。もし、あまりに早く目標を達成してしまうと、翌月、上司が目標の上乗せをしないかと心配する。そのため、達成したとたんに手を抜く。上司に怒られない程度の「最低限の努力や行動」しかしません。

一方、「承認による行動強化」による成果曲線は、図表の②になります。①の曲線に比べて時間的に早く、同一目標をクリアすることができます。同じ金額を達成しているものの、時間をコストに置き換えると大きな差が生じることが理解できると思います。

行動結果は組み合わせて使う

「部下を見ていると悪い部分しか目につかず、困っています」という悩みを打ち明けてくれる上司がたくさんいます。

確かに、消極的で行動が少ない、他人を傷つける、不正などで組織に危害を与える、不平・不満・愚痴・建設的でない反対意見を言うなど、さまざまな望ましくない行動を起こしてばかりいる部下もいます。こういう〝重症〟なケースでは、複数の行動結果を組み合わせて対処していく必要があります。

ケース1
「ほめるところがない」「行動が少ない」スタッフには【脅迫×承認】

ある会社の事務スタッフで、発言が少なく受け身で、自らアイデアを出して業務の改善を行うこともない人がいました。そもそも、行動自体の量が少ないのです。

こうした場合、望ましい行動を示すと同時に、その行動を強制的に増加させるために「脅迫による行動強化」を使います。例えば、質問をして答えを出させる、仕事の範囲ややり方が明確な小さな仕事を指示する、などです。

初めは「せざるを得ない」という環境ですから、必要最低限の行動しか起こしません。しかし、その行動に対して「承認による行動強化」を示すことで、さらに行動を増加させるのです。

このスタッフの場合、時間はかかりましたが、小さな成功を体験させながら、段階的に範囲を広げていくことで、望ましい行動の量や範囲が広がっていきました。このように「脅迫による行動強化」は、「承認による行動強化」と組み合わせなければ継続的な効果

図10 「ほめるところがない」「行動が少ない」スタッフには

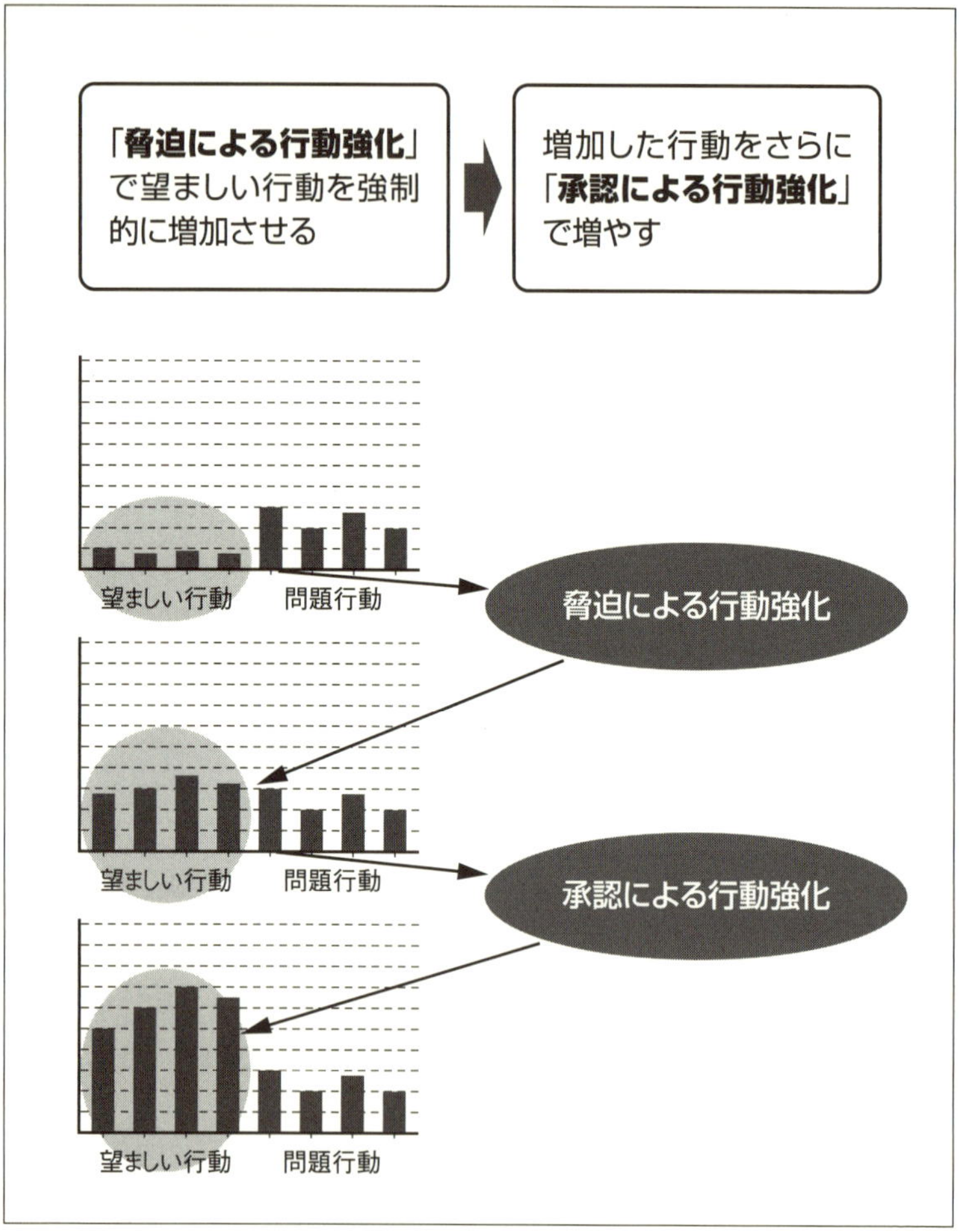

を生みません。

ケース2
「他人を傷つける」「不正などで組織に危害を与える」スタッフには【処罰×承認】

社員の中で「他人を傷つける」「不正などで組織に危害を与える」可能性のある行動を見つけた場合、直ちにその行動を消さなくてはいけません。

そのためには「処罰による行動弱化」を与えるわけですが、それだけでは予期しない新たな「望ましくない行動」が発生することがあります。したがって、「望ましい行動」を示し、その行動を奨励することが必要となります。

ケース3
「不平・不満・愚痴・建設的でない反対意見」を言うスタッフに対して【無視×承認】

「不平・不満・愚痴・建設的でない反対意見」といった行動が見られた場合は、「無視による行動弱化」を与えて「望ましくない行動」を消去し、その行動の代わりに取られた生産的な行動に対して「承認による行動強化」を与えていくと効果的です。

ここで注意すべき点がひとつあります。基本的に「不平・不満・愚痴・建設的でない

図11 「他人を傷つける」「不正などで組織に危害を与える」スタッフには

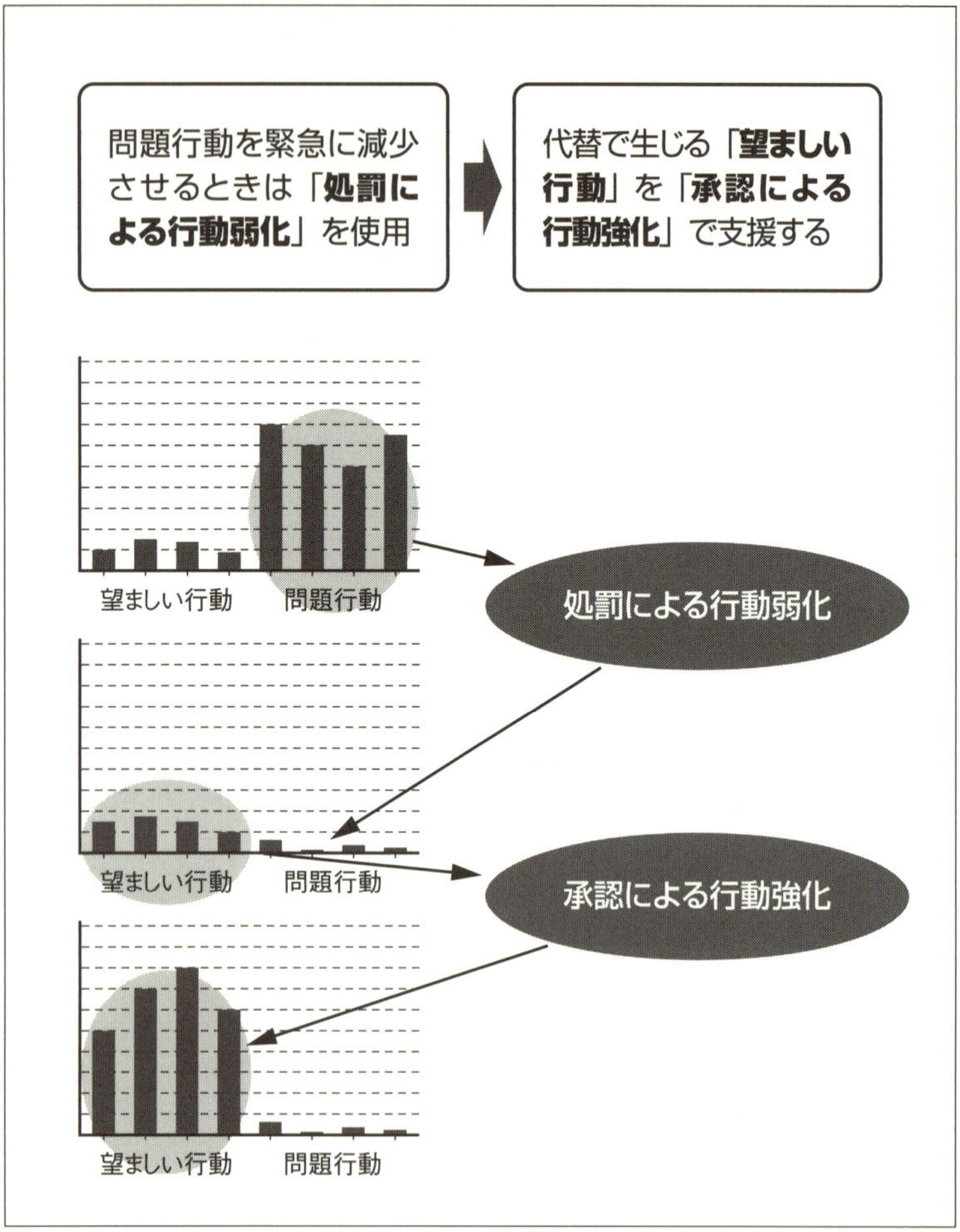

反対意見」などの「望ましくない行動」は、「無視による行動弱化」によって、いずれは消し去ることができます。しかし、**「無視による暴発」がくせもの**なのです。

お子さんがいる方は、想像がつきやすいかもしれません。子供がスーパーで好きなお菓子やおもちゃをねだっても「買いませんよ」と言っていると（無視）、行動がエスカレートし、通路に寝転んで泣き叫んだりします（「無視による暴発」）。この「望ましくない行動」を真正面から解決しようとする賢明な親は、それでも取り合いません。そして、「起き上がって静かにしなさい」と「望ましい行動」を示します。

しかし、「この問題から早く逃げ出したい」と考える親は、その場でお菓子やおもちゃを買い与えることで短期的な解決を選択します。

予想がつくとは思いますが、次回、また同じような場面のとき、子供はほしいものを得るために、「店舗の床に寝転び、泣き叫ぶ」という行動を繰り返します。そうすれば、ほしいものが手に入るのですから。

会社の中で不平・不満をまくし立てる部下も同様です。取り合わずにいると（無視）、あちこちで不平・不満を言いまくり、組織のムードを著しく下げる可能性があります。ひどい場合には、「人事に言いつけてやる」などと言うケースもあります。

だからといって、その部下の話を全面的に聞き入れると、「不平・不満をまくし立てれ

図12 「不平・不満・愚痴・建設的でない反対意見」等を言うスタッフには

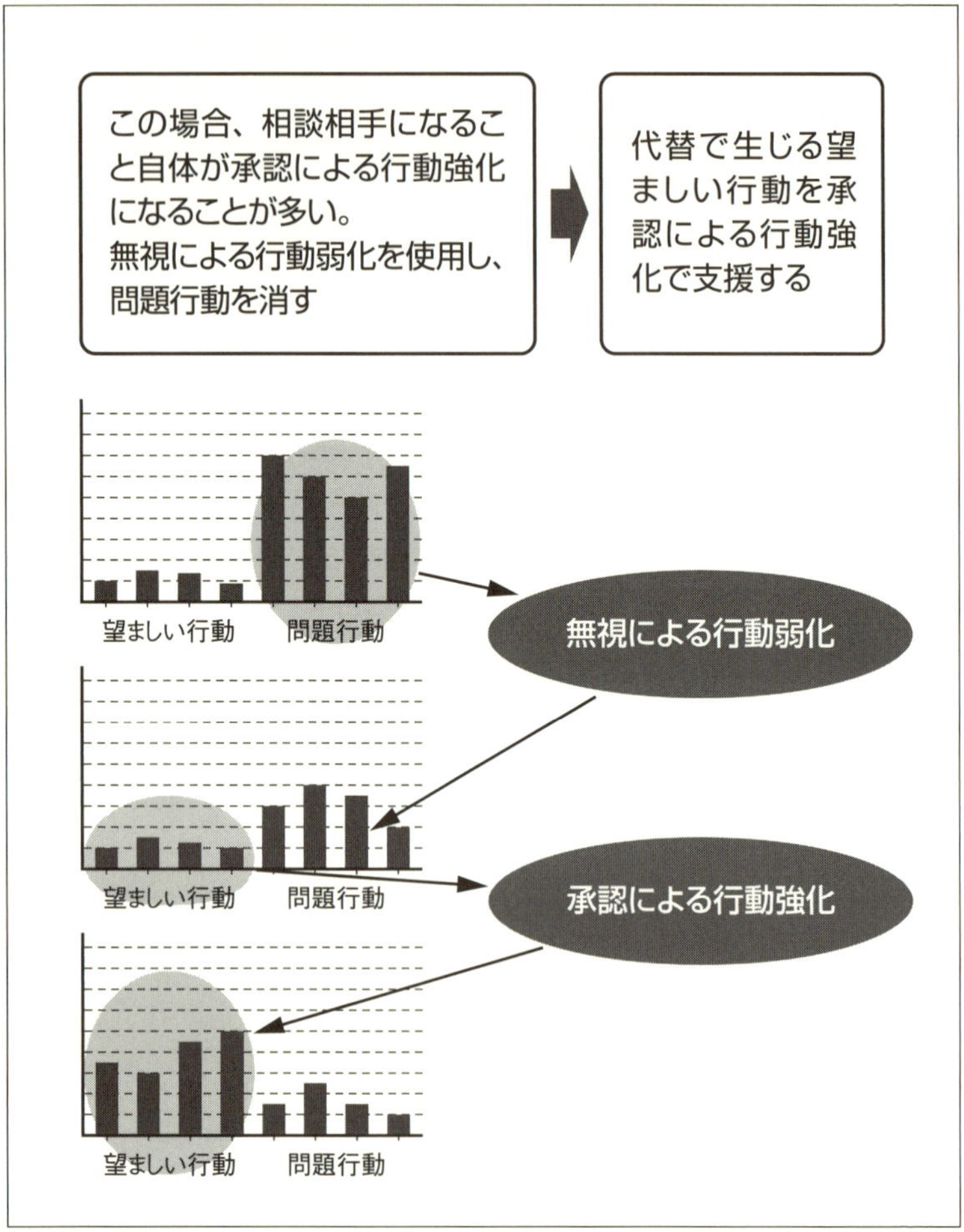
この場合、相談相手になること自体が承認による行動強化になることが多い。
無視による行動弱化を使用し、問題行動を消す
代替で生じる望ましい行動を承認による行動強化で支援する
望ましい行動
問題行動
無視による行動弱化
望ましい行動
問題行動
承認による行動強化
望ましい行動
問題行動

ば相手にしてもらえる」といった構造が生まれかねません。

この場合も先ほどと同じです。不平・不満に対しては「無視による行動弱化」を与え、その代わりに「期待する行動」を明確に示す、そして望ましい行動を起こしたら即座に「承認による行動強化」をすることが効果的です。

4つの行動結果を活用した会議の活性化

まずは「脅迫」と「承認」を組み合わせて使う

最近、「会議を活性化させたい」といった依頼を受けることが増えてきました。会議で、新しいアイデアを創出するために、出席者の積極的な参加を促し、数多くのアイデアを引き出して、ひとつの方向にまとめていく技術が必要です。しかし、これまではリーダーからの「指示伝達型」の会議が主流だったため、簡単にはうまくいかない場合が多く見られます。

これも4つの行動結果を使って解決できます。その方法を紹介しましょう。

あるメーカーが職場方針展開合宿（日常の職場を離れた所で行う会議）を開きました。そこで、私に「ミーティングを活性化させるサポートをしてほしい」という依頼がきました。学校の体育館ほどの広さがあるホールには、ホワイトボードと机と数脚の椅子というセットがいくつも置かれています。そこで各部署のグループ長のもと、ミーティングを始めています。ひとつのグループは6～9人。見渡すとかなり大勢の人が話しています。

会場を回っていると、活発に話しているグループと、そうでないグループがあるのがわかります。私はうまくいっていないグループに近づき、しばらく観察していました。

グループ長は、意見が出ないことに困っているようです。「このテーマについてどう思う？」と呼びかけても、意見が出ない。そこで、「僕はこう思うんだよね」と自分の意見をホワイトボードに書き始める。書いた後で、また、「どう思う？」と皆に呼びかけるのですが、部下は目をそらしたり、下を向いたりしてしまっています。

グループ長が私に助けを求める視線を投げてきたので、「ちょっといいですか？　この場はアイデアが出ればいいのですか？」と話しかけました。グループ長は、「そうなんですけど、意見が出なくてね」と苦笑いをします。そこで、司会進行役をバトンタッチさせてもらいました。

このような場合、まず使うのが「脅迫による行動強化」です。「意見を言う」という行動がゼロなので、次のようにして、とにかく意見を出してもらうのです。

・「右回りにひとりひとつずつ、意見を言いましょう」と順番に言わせる
・「Aさんはどう思いますか?」と指名してしまう
・紙を配って、そこに意見を書かせる。そして、書いたものをそのまま読ませる

意見が出たら、すかさず「承認による行動強化」をします。意見を言ってくれたときに、相づちを打つ、発言を受け入れる言葉を言う、などの反応をするのです。参加者は「自分の意見を受け入れてくれる」「安心して発言していいんだ」という印象を持つので、リラックスします。2人目、3人目の発言者になると、自由に話せるようになります。

シェイピングで望ましい行動を蓄積する

ただし、ミーティングは目的があって行われますから、どんな意見でも出ればいいとは限りません。ある程度、コントロールが必要です。これを**「シェイピング」**といいます。

望ましい意見を引き出し、望ましくない意見を抑える、という段階です。伸びた植木をきれいに剪定《せんてい》するようなプロセスです。

中には、ネガティブな意見や建設的でない意見もあります。司会進行役の存在も無視して、自分の言いたいことばかり言う人もいるでしょう。そうした場合は、「無視による行動弱化」を使います。相づちを減らす、特にコメントをしないなどの行動をさりげなく行うのです。

明らかにミーティングの進行を阻害している場合は、「処罰による行動弱化」を使います。「あなたの発言はこの場にふさわしくありません」とストレートに伝えるのです。もちろん、これは事前にこのミーティングを進める際のグランドルールとして、何が望ましい行動で、何が望ましくない行動なのかをはっきりさせてから進めることが前提です。

望ましい行動を引き出すのに有効なのは、「承認による行動強化」です。他の行動結果とセットで使うことで、シェイピングを効果的に行うことができます。会議の例で活用したように、「脅迫による行動強化」によって引き出されたあとに、即座に「承認による行動強化」で安定させます。

半ば強引に行動を起こさせたのに、そのまま放置すれば、相手は行動をやめてしまいます。承認とセットで使うことで、望ましい行動へと導くことができるのです。

また、「今さら新商品を出しても、どうせ売れませんよ」といったネガティブな意見が出てきたとします。会議の雰囲気を悪くしますし、新しいアイデアにもつながらない発言です。だからといって、一喝したり無視したりすれば、発言自体が消えてしまいます。そこで承認をセットにします。

発言者のコメントにはあえて触れず（無視による行動弱化）、「それをポジティブな言い回しにするとどうなる？」と質問します。前向きな発言が出てきたら、すぐに承認します。「ネガティブな姿勢」のみを弱化させ、「発言する」という行動自体は強化することができるのです。

行動の背景をつかむＰＩＣ／ＮＩＣ分析

行動結果を3つの視点で分析する

「なぜ部下は、こんな行動をしているのだろう?」と感じることはありませんか?

一般的に上司は、部下が望ましくない行動をしているとき、個人的な要素（性格、人格、価値観）に原因を追究し始めます。

例えば、

「あいつの性格では、もともとこの仕事は無理だろうな……」

「あいつは協調性に欠けるな……」

「あいつはどういうしつけを受けてきたんだ……」

こんなセリフが出始めたら、「心理の罠」にはまり始めています。

部下の行動は、「個人的な要素」と、「個人を取り巻く環境」の2つに影響を受けてい

ます。つい私たちは、「個人的な要素」のほうを原因にしてしまいがちですが、「そもそも、部下のそういう行動を引き起こしている環境をつくってしまっているかもしれない」という考え方も必要です。

ここで紹介するのは、オーブリー・C・ダニエル氏が推奨している**PIC／NIC分析**です。このPIC／NIC分析は、個人的要素ではなく、**部下の置かれた環境に焦点を当てた問題解決技法の一種**です。なぜそのような行動を取っているのか、部下の行動の背景が把握できるので、冷静に対策が打てるようになります。

私は、日本にこの手法を紹介する際には「ピクニック分析」と呼んでいます。ピクニックは、建物から出て、野山や海岸などの自然豊かな場所に出かけていって楽しむこと。気楽に、いつもとは違う視点で部下の行動を見てみよう、という意味を持たせています。

ステップ1　問題行動を特定する

まず、「業績や成果を妨げている行動」をひとつあげてみてください。

ここでは、「主任が若手社員の教育をしようとしない」というケースで考えてみましょう。

ステップ2　その誘発要因を特定する

次に、その問題行動を起こす原因や背景を思いつくままに列挙してみてください。

例：「時間的余裕がない」「周りも取り組んでいない」など

これは「問題のある行動」を引き起こしている要因なので「誘発要因」に当たります。

ステップ3　行動結果を導き出す

今度は、問題行動を取った後、その部下はどのような気持ちになったのか、想像しながら5つ以上列挙してみてください。

例：「若手社員に教えてやらせるより、自分でやったほうが楽だし早かった」「やらなくても、誰からも文句を言われなかった」「評価が悪くなるかもしれない」など

これは行動の後に行動者が感じたことなので、「行動結果」となります。

ステップ4　行動結果を分析する

導き出した行動結果を、次の3つの視点から分析します。これによって、問題行動の将来の頻度が予想できます。

①Positive／Negative……自分（行動者）にとって、プラス（ポジティブ）か？
マイナス（ネガティブ）か？
②Immediate／Future……自分に、即座に起こるのか？　将来、起こるのか？
③Certain／Uncertain……自分に、確実に起こるのか？　不確実か？

例えば、「自分でやったほうが楽だし早かった」という行動結果は、本人にとっては、ポジティブ（P）で、即座に（I）、確実に（C）起こるものです。同様に分析すると、「やらなくても、誰からも文句を言われなかった」も同じく、PICとなります。

反対に、ネガティブな感情が生まれる場合もあります。

例えば、「評価が悪くなるかもしれない」です。これを分析すると、評価が悪くなることはネガティブ（N）ですが、即座（I）かというとそうではなく将来（F）です。また、確実に悪い評価をもらうかというと、そうとは限りません（U）。

このように「Pなのか？　Nなのか？」「Iなのか？　Fなのか？」「Cなのか？　Uなのか？」を組み合わせると、図13のように8つの組み合わせがあり、それぞれ、将来の行動の頻度への影響を与え方が6つのレベルに分けられます。

図13　PIC／NIC分析

【8つの組み合わせと6つの影響レベル】

PIC　：行動を繰り返し行う
PFC･PIU　：行動を適度に繰り返す
PFU　：ほとんど変化なし
NFU　：ほとんど変化なし
NFC･NIU　：行動を適度にやめる
NIC　：行動をやめる

【行動結果を分析する3つの視点】

①Positive（プラス）／Negative（マイナス）
この行動結果は、行動者にとってプラスか？
マイナスか？

②Immediate（即座）／（Future（将来）
この行動結果は、行動を起こすと同時に生じるか？
将来か？

③Certain（確実）／Uncertain（不確実）
行動者が、その行動結果を経験する確率が高いか？
低いか？

人間の行動は、「即・確実に・メリットが得られる」とき、
行動は確実に増加する

↓

望ましい行動に対し、N系（NFU／NFC／NIU／NIC）の
環境では、**行動変革は実現できない**

（ADI社参考文献より筆者作成）

例えば、PIC。行動した結果、その人が得た行動結果が、ポジティブ（P）で、即座に（I）、確実（C）な場合、その行動は、将来、繰り返し行われます。

一方、ポジティブであっても、将来であったり（PFC）、不確実であったり（PIU）すると、だんだんと繰り返し頻度が弱まり、将来・不確実（PFU）になると、ほとんど影響しない、ということになります。

逆に、NICはネガティブ（N）なことが、即座に（I）、確実に（C）起きるわけですから、その行動は将来、起こりません。濡れた手でコンセントを触れると、感電を確実に起こします。一度でも、このようなNICの体験があれば、二度とそのようなことはしないはずです。もし仮に、それを何度も意図的に起こしている人がいたとしたら、それは、その人にとって感電自体がマイナスな出来事ではない可能性があります。

また、ネガティブなことであっても、将来（F）、不確実（U）である場合は、やめる度合いが弱まります。例えば、喫煙を例に、この3つの視点から行動結果を分析してみましょう。

まず、愛煙家が受け取る行動結果をポジティブ、ネガティブに分けます。

ポジティブな行動結果としては、「ストレス解消になる（PIC）」「リラックスできる（PIC）」「気分が転換できる（PIC）」などがあります。これらのポジティブな行動結果は、即座に、確実に起こるものです。

逆にネガティブな行動結果としては「健康を害すかもしれない」「がんになるかもしれない」などがあります。ですが、すぐに病気になるわけでもなければ、病気になるとも限りません。つまり将来的なことであり、かつ不確実です（NFU）。したがって、行動への影響が小さいのです。

一方、ポジティブな行動結果は「即座」で「確実」なものばかりなので、行動に大いに影響します。結果的に愛煙家はタバコを吸うという行動が強化され続け、なかなかやめられない、ということになるのです。

問題行動を減らし、「望ましい行動」を増やす

さて、先ほどの「主任が若手社員の教育をしようとしない」というケースに話を戻します。この主任が「若手社員の教育をしない」という行動をした結果、どんな行動結果が生まれるかを予想してみましょう。

「自分でやったほうがラクだった」（PIC）

「やらなくても誰からも文句を言われなかった」（ＰＩＣ）
「残業しなくてもすむ」（ＰＩＣ）
「評価が悪くなるかもしれない」（ＮＦＵ）
「いずれは教えないと、自分がいないと回らない職場になってしまう」（ＮＦＵ）

この分析結果を見るとＰＩＣが多く、この問題行動（若手社員の教育をしない）は、繰り返し行われる可能性がきわめて高いと予想されます（ちなみに、マイナスの行動結果も2つありますが、ＮＦＵであるため、ほとんど影響しません。）。つまり、何もしなければ、問題のある行動は、このまま消え去らない運命にあるのです。

では、どのような環境を整備していくとよいのでしょうか？

人は、ＰＩＣの環境であれば行動を繰り返し、ＮＩＣの環境であれば、行動が減少していくことは、すでにお伝えしました。ここでのポイントは、**「問題のある行動」は、ＮＩＣの環境で減少させ、「望ましい行動」は、ＰＩＣの環境で増加させていけばいいのです。**

例えば、次のような形で、問題行動に対して、ネガティブ系の環境を構築していくわけです。

行動結果「自分でやったほうがラクだった」（P－C）
解決「部下の成長（手助け）なしではこなせないほどの業務を主任に課す」（N－C）
行動結果「やらなくても誰からも文句を言われなかった」（P－C）
解決「部下育成は主任の職務。職務放棄と言って過言ではないと注意する」（N－C）
行動結果「評価が悪くなるかもしれない」（NFU）
解決「主任の評価は、部下育成状況も加味する、と宣言し、実行する」（NFC）

また、ステップ2で扱った「問題のある行動はなぜ起きているのか？」の原因や背景を改善する必要もあります。つまり、問題行動を引き起こす「誘発要因」を取り去ることができるかどうかを検討します。

例えば、このようにです。

誘発要因　**時間的余裕がない**
解決　**部下育成は、主任のミッションだと公言する効果的な部下の育成方法の**

事例を紹介し合う場を用意する

誘発要因　まわりも取り組んでいない

解決　部門ごとに教育状態を表示し、進んでいる部門を奨励する

ポジティブな行動結果をつくり出す仕組み

ある情報サービス関連企業での事例です。この会社では、ナレッジマネジメントシステムの導入を進めていました。もともと営業力のある会社だったのですが、個々人のスキルに頼っており、組織のナレッジとして蓄積、活用されていませんでした。また、営業案件や企画書などがうまく共有されていなかったため、同じような資料を何人ものスタッフが一からつくっていたり、他のスタッフの有益な情報を持っていることに気づかなかったり、といったロスがありました。

こうして実は無駄な作業に忙殺され、新規顧客の開拓や提案内容のブラッシュアップといった本来の重要事項にあまり時間を割けないでいたのです。そのロスは、組織が大き

くなるにつれ、無視できないものになっていました。そこで、個々の営業スタッフが持っているナレッジを組織で共有化することを考えたのです。

ナレッジマネジメントシステムを機能させる第一歩は、営業スタッフが持っている営業案件情報や企画書をシステムに入力してもらうことにあります。さらに、入力内容については、他の営業スタッフがすぐに使えるレベルの質にしておく必要がありました。

しかし、システム設計にあたり、「営業スタッフがシステムにナレッジを入力する」という行動について事前分析を行うと、次のようなネガティブな行動結果が優勢であることが予想されました。

「ただでさえ忙しいのに、入力に時間を取られる」
「自分の成果を他人にとられる」
「入力方法を覚えるのが面倒」
「周りのメンバーは入力していない」
「組織力が高まる」というポジティブな行動結果は、将来的で不確実ですが、こうしたネガティブな行動結果は即座で確実に起こります。このままでは、社員の「入力する」という行動は十分に見込むことはできません。

そこで、プロジェクトメンバーとともに、「ポジティブな行動結果を優勢にする仕組み」

図14 PIC／NIC分析で結果をシミュレーションする

改革後、社員が「望ましい行動」を起こしたくなる環境であるかを分析する（PIC/NIC分析）

ナレッジマネジメントシステムにおける行動結果シミュレーション

【望ましい行動】
営業スタッフは、システムにナレッジを入力する

【誘発要因】
ナレッジマネジメントシステムの発表を受けて、入力業務の強化を求められた

【行動結果】

	P／N	I／F	C／U
●入力に時間を取られる	N	I	C
●入力方法を覚えるのが面倒	N	I	C
●そもそも皆が使えるような状態にしてデータ入力するのは困難な作業だ	N	I	U
●入力しても、特に誰からも何も評価されなかった	N	F	U
●入力しても、自分にとってのメリットを感じなかった	N	I	U
●周りのメンバーは入力していない	N	I	U
●取りかかっていない同僚から冷やかされた	N	I	U
●結局、今までのやり方をしている同僚が得をしていた	N	F	U
●組織力が高まる	P	F	U

↓

上記の環境（行動結果がN系）では、
「望ましい行動」は次第に減少していく

についてアイデアを出し合いました。すると、いろいろないい案が出てきたのです。

採用された仕かけは、まず「サンキューメール」。営業スタッフが企画書を登録すると、即座に本人に「あなたの企画書は登録されました。組織貢献をありがとうございます」と送られるのです。

さらに登録された汎用企画書を、誰か他のスタッフが自分の企画に生かそうとダウンロードすると、企画書登録者本人宛にメッセージを送れるフォームが開くように設計しました。ダウンロードした人は登録者にお礼のメールや質問などを書きやすくなるので、登録者は多くの感謝メールを受けることになります。

汎用企画書の活用度をランキング形式で表示したり、企画書を活用した人が評価して星をつけたり、レビューを書いたりできるようにもしました。四半期ごとに、ナレッジ提供において貢献した人に対して表彰を行いました。ナレッジ提供者にとっては、自分が作成した資料などに対して多くの反応が受け取れるので、それ自体が「承認」になります。さらに、他の人のコメントを参考にして、自分の資料をブラッシュアップすることもできるわけです。それらは、「即座に、確実に」起こる「ポジティブ」な行動結果なので、「ナレッジを入力する」という行動を強化することになりました。

どうすれば新しいシステムは機能するのか？

ナレッジマネジメントシステムが機能するには、第2段階として「営業スタッフが登録されたナレッジを活用する」ことが必要です。営業スタッフは、「使えるナレッジ」ならばほしがるはずですが、「操作が難しい」「自分が必要とする資料を探し出すのに時間がかかる」「資料の内容が古い、使えない」などのネガティブな行動結果を受け取れば、「活用する」という行動や、そもそもシステムにアクセスする頻度も低下する可能性があります。

そこで、検索しやすいワードを設定したり、外部からもアクセスできるようにしたり、ランキング機能を充実させたりといった工夫を凝らしました。

さらに、このナレッジマネジメントシステムの統括者に営業成績トップのスタッフを据え、集まってきたナレッジを登録するかどうかの判断をしてもらいました。彼がＯＫを出した資料や事例だけがシステムに登録されるようにしたのです。この仕組みによって、他のスタッフは「信頼性のあるナレッジだけが集まっている」「即座に使える情報や企画書がある」という印象を持つようになりました。

これらの仕組みを整えた結果、システムは順調なスタートを切り、10年たった今でも組織の営業力強化に大きく貢献している代表的なシステムになりました。

このように、**企業がつくる制度や仕組み、システムは、行動の原理原則に基づいて構築するべき**なのです。制度や仕組みを作ろうとする瞬間から、関わる人みんながポジティブな行動結果を得られるかどうかを事前にシミュレーションすることを考えましょう。

企業変革の成功を決める鍵とは？

企業変革のプロジェクトが頓挫する原因のひとつに、「企業変革をしたところで、自分に何のメリットがあるのだろうか」と社員が考えてしまうことにあります。変革と言うからには、従来とは異なる行動様式が求められ、負担感があり、しばしば、即座に確実にネガティブな行動結果を受けます。そのため、意識してポジティブな行動結果をできるだけたくさん用意する必要があるのです。それが即座で、確実な行動結果ならベストです。

例えば、次のような方法があります。

・プロジェクトの進捗を目に見える形にする
・サブゴールをいくつか設定して、それを達成するたびに祝う
・企業変革のプロジェクトに協力的なチームを表彰する
・プロジェクトメンバーの行動を頻繁に認める

あなたがプロジェクトのリーダーならば、メンバーの望ましい行動に対し、ポジティブな行動結果を即座に確実に提供しましょう。進捗報告のメールには即返信する、プロジェクトの中間地点で内部的な表彰会を開く、メンバーの成果について聞く時間を持つなど、自分なりに思いついたアイデアをリストアップするといいと思います。

それが、やったりやらなかったりという「不確実」、行動が起こってからしばらくして提供されるような「将来的」だったりすると、効果が薄れるばかりか、リーダーとしての信頼を失うことにもなりかねません。

第3章

変革行動を継続させる5つのステップ

「望ましい行動」を引き出し、定着させる

部下から「望ましい行動」を引き出し、その行動を継続させて、確実に高いゴールを達成するには、押さえておくべきプロセスがあります。次の5つのステップです。

ステップ1 成果と行動の特定化

「成果の特定化」とは、目指すべき成果は何なのか、それを明確にすることです。例えば、「今月は顧客満足度向上月間にしよう！」というスローガンなども「成果の特定化」に当たります。成果を特定化することで、メンバーは達成に向けた行動を起こすはずですが、それが「望ましい行動」ばかりだとは限りません。ポイントを外した行動を積み重ねても業績には結びつかず、目標達成には至りません。

そこで、**「行動の特定化」**が必要になります。目標に向けた一つひとつの行動を具体化するのです。メンバーにとっても「顧客満足向上」という漠然としたメッセージより、「営業所が常に整理整頓されている」「顧客が来店したら、スタッフ全員が笑顔であいさつ

をする」などのように行動が特定化されると取り組みやすくなります。

ステップ2 測定

これは、特定化された行動をメンバーがどれくらい実施しているか、**行動の量や質をカウントし、モニタリングする作業**です。メンバーは自分の行動を測定されることで「この取り組みには意味がある」と感じ、モチベーションが向上するのです。もしも測定せず、そのまま放っておけば行動は減っていきます。

ステップ3 フィードバック

測定結果や感想などをデータやグラフにしてフィードバックしないと、行動は減ります。**「見える化」されたフィードバック**によって現状を把握することで、目標に近づくための行動に対するモチベーションがさらに上がります。

ステップ4 承認

ステップ1～3を経て、行動が増加しても、「承認」がないと、行動が減少していく恐れがあります。

私たちは、組織に変革プログラムを導入する際、そのメンバーにアンケートを取ります。その中で、上司に求めることを記入してもらう欄があるのですが、多いのは「自分に何を期待しているのか、はっきり言ってほしい（成果と行動の特定化）」「自分はどのくらいのレベルなのか？　また、自分のどこがよくて、どこが悪いのかを指摘してほしい（測定とフィードバック）」「成長したときは、もっとほめてほしい（承認）」などの回答です。彼らの回答がこのステップに連動していることがわかるでしょう。

ステップ5　飽き防止

最後に忘れてはならないのが**「飽き防止」**です。これまでの4つのステップを経て、行動が安定しても、それを妨げようとするのが「飽き」です。私の経験値では、プロジェクト開始から、早ければ2週間、平均して1カ月半頃、メンバーを「飽き」が襲います。「飽き」は必ず訪れるものですから、事前に対策をシミュレーションしておきましょう。

では、それぞれのステップについて、詳しく解説していきます。

図15　行動を継続させる5ステップ

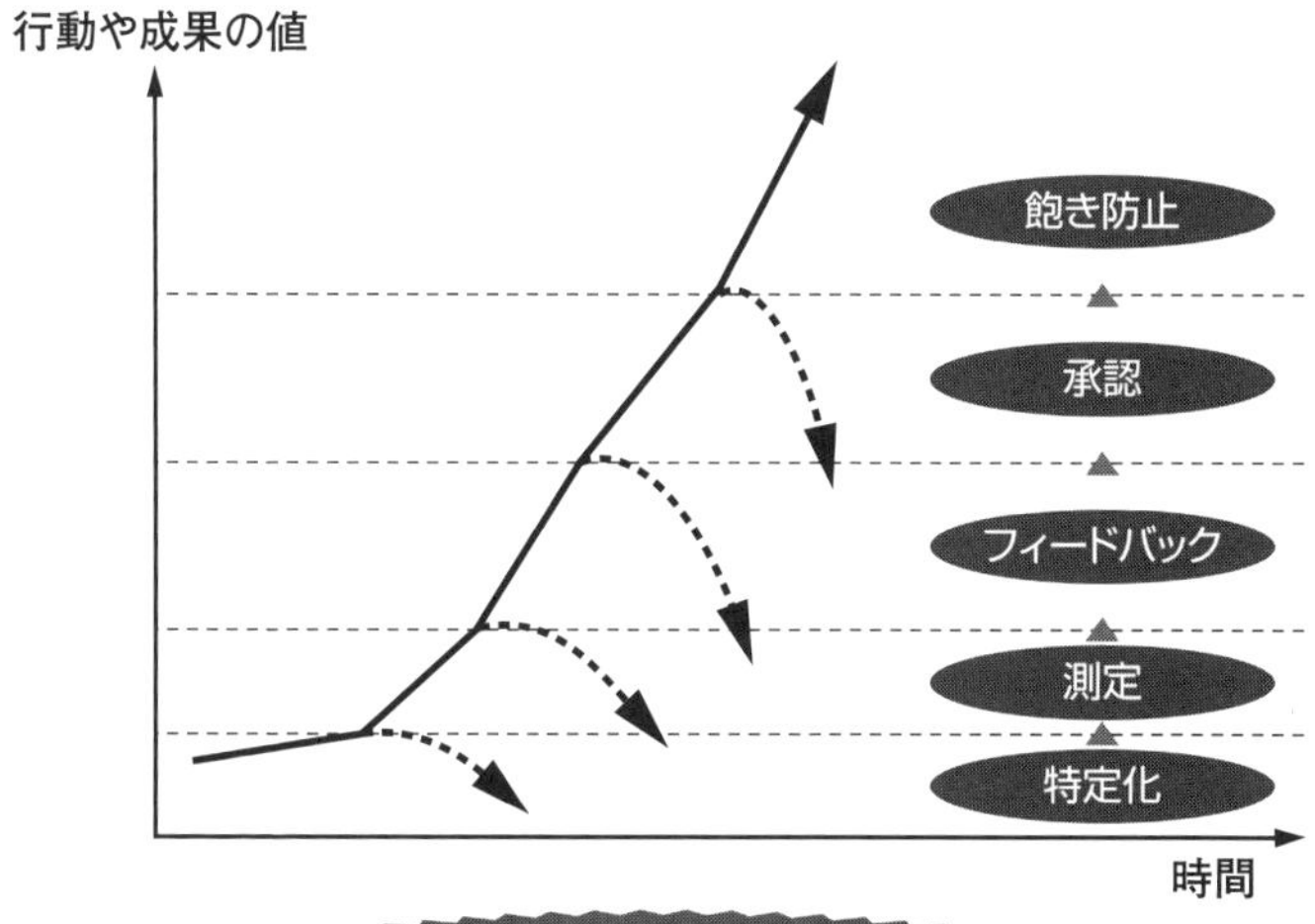

承認なしに、行動や成果は定着しない
さらに継続させるには“飽き”対策が必要

- ●目標を設定すると一時的に行動が増加するが、測定をしないと、行動は低下する
- ●上司が測定しているとわかると、一時的に行動が増加するが、「どのくらいのレベルか?」「これからどうすればいいのか?をフィードバックしないと、行動は低下する
- ●「君の数値は全体に比較してこのくらいだよ」「去年に比較してこのくらいだよ」とフィードバックすると一時的に行動は増加するが、給料に結びつかなかったり、承認が不足すると、行動は低下する
- ●承認が十分であれば行動もパフォーマンスも安定するが、「飽き」が生じて頓挫してしまう場合がある

【ステップ1】成果と行動の特定化

成果と行動を特定化する

①まず、成果を特定する

部下のパフォーマンスを最大限に引き出したければ、まずは、**あなたが部下と共に手に入れたい成果が何なのか、特定することが大切**です。部下に何を期待しているのか、どういう目標に向かって走っていくのかを明確に伝えるわけです。ここが抽象的で曖昧だと、部下は誤解や理解不足を起こします。

当たり前の話に聞こえますか？　しかし、多くの企業が達成したい成果を明確にしないまま、社員の仕事の進め方を変えるようなプロジェクトを進めているのが現実です。

「顧客満足度の向上」「生産性の向上」「組織活性度の向上」といった漠然とした表現は、

スローガンとしてはいいかもしれません。しかし、その活動の効果を測定するには抽象的すぎます。**何をもって成果とするのか、そして、それはどのように測定されるのか**を明確にする必要があります。

こうした成果のレベルには、抽象度の高い、もしくは最終成果とも言えるかたまり**（ビッグチャンク）**、それを達成するのに必要な中程度のかたまり**（ミドルチャンク）**、そして、より具体的なかたまり**（スモールチャンク）**があります。

ビッグチャンクとしては、売り上げや利益、シェア、生産性の向上、離職率の低下などがあげられます。これを手に入れるためには時間がかかり、その難易度も高くなります。

逆に、スモールチャンクの成果としては、訪問件数や見込み顧客数のアップ、部下とのコミュニケーション頻度の増加などがあげられます。手に入れるのに時間もかからず、難易度も低くなるのが一般的です。

成果を特定する際は、これら3つのチャンクを意識することが大切です。なぜなら、ビッグチャンクだけだと、達成するのに時間もかかり、また、達成する可能性も不確実になります。ここでもＰＩＣを思い出して下さい。ポジティブな結果が得られるよう、スモールチャンクの成果も特定する必要があるのです。

②目標達成のカギとなる行動を特定化する

成果を特定したら、次に、それを手にするために**必要な行動を特定**します。ここが最も重要な部分です。

そのためには、ふだんの業務をよく観察し、成果を生み出すために必要な行動はどんなものか、それがどんなタイミングで実施されているかを把握することが大切です。

ある自動車ディーラー店舗の話です。この店長は営業マン時代にトップセールスであり、成果につながる行動一つひとつについて十分理解し、実践してきました。

彼は営業スタッフに対して、顧客からの電話による連絡やオーダーには即座に対応することが重要だと伝え、徹底していました。確かに、これは営業では基本的な手法です。

ところが、私たちがずば抜けて高い業績をあげている営業スタッフの行動を観察した結果、それとはまったく異なる行動が見られたのです。

その営業スタッフは、日中かかってくる顧客からの電話はすべて事務スタッフに受けさせ、たとえ店舗にいたとしても「外出している」と答えさせ、バラバラに顧客対応するのではなく、夕方以降に一気に対応をしていたのです。

日中はというと、前日に立てた訪問計画（訪問場所の距離や位置を加味してあるもの）に基づいて効率よく回っていました。

もちろん、お客様の電話の中には即対応しなければならない用件もあり、そういう場合はすぐに手を打っていましたが、ほとんどはそうではありませんでした。彼のほうから「朝はあいにく商談が入っております。14時にはお伺いできますが、いかがでしょう？」と時間指定をすると、ほとんどのお客様が受け入れてくれたといいます。

一方、他の営業スタッフはお客様のリクエストを最優先してすぐに対応していたため、非効率な時間の使い方をしてしまっていたのです。

なぜ成果は引き出せないのか？

ふだんの業務で部下に指示するときでも、業績を上げたいなら、「成果と行動の特定化」を行うことが大切です。

例えば、「もっと気合を入れて営業してこい！」と言っても、あいまいすぎて、部下は望ましい行動を起こすことができません。この言葉から連想する行動は人それぞれだからです。「声を大きく勇ましく」という行動かもしれませんし、「断られても何度も訪問する」「１日１００社に電話をかけてアポイントを取る」という行動かもしれません。

「君はもっと背筋を伸ばして、大きな声で自信を持ってトークしてごらん」というように、**取るべき行動を特定して伝えなければ、望む成果にはたどり着けない**のです。

「君もプロなんだから、もっとさぁ」「もっと前向きに行動したらどうだい?」といったフレーズも同じです。いずれも上司は部下に何かを伝えようとしているわけですが、正確に伝わっているかは疑問です。いかに優秀な部下でも、上司の期待に応えられる可能性は低いでしょう。

行動を特定化しないと評価のバラツキを引き起こす

また、行動を特定化しないと、評価にバラツキが出てきます。

あるスーパーマーケットが人事評価の評価項目を刷新し、全国の店舗に導入しました。仕事への取り組み方、接客の態度、提案の質などについて十数個の項目を作成し、各店長がスタッフを考課するのです。

ところが、しばらくすると、その結果があまり信頼できないことがわかりました。店長によって評価にブレがあるのです。例えば「積極的に仕事に取り組んでいる」という項目で評価するとき、ある店長は休日の少なさから判断し、別の店長は売り場に対する提案の数から判断していました。

評価者によるブレをなくすためには、例えば「積極的である」行動とはどんなものか、具体的に特定しなければなりません。そこで、具体的な行動に基づいた評価項目を作成するために、店長80名が集まりました。

作成にあたっては、簡単なゲームを取り入れました。まず、「積極的である」「リーダーシップのある」「率先垂範《すいはん》している」などという言葉を書き込んだカードを用意し、参加者をいくつかのグループに分けて、カードを割り当てます。

そして、あるグループが「積極的である」というカードを割り当てられたとすると、そのグループは、何をもってして「積極的である」というのかを具体的な行動を10〜20個ほど模造紙に書き出すのです。例えば「お客様に大きな声であいさつをしている」「頻繁に品出しをしている」「フェアの提案を月に3つ以上出している」などの行動が書き出されます。

次に模造紙に書き出した具体的な行動だけを他のグループの人に見せて、カードの言葉が何だったかを当ててもらいます。

この作業によって、店長たちがそれぞれ考えている「積極的である」のイメージがいかにあいまいでバラバラだったかがはっきりしていきました。具体的な行動にうまく落とせているグループはカードの内容をよく当ててもらえますが、一方で当ててもらえないグループもあったのです。こうした作業を何度か進めるうちに、具体的な行動に基づいた評価項目ができ上がるとともに、お互いのイメージを擦り合わせることができて、考課者訓練の場にもなりました。

ゴールセッティングの納得性を高める

手に入れたい成果と必要な行動を特定化したら、次に**目指す達成レベル**を設定します。この達成レベルを前もって設定することを**「ゴールセッティング」**と呼びます。

ゴールセッティングする際は、組織や上司からの一方的な押し付けになってはいけません。モチベーションが上がらず、形だけのものになってしまうからです。

ここで納得性を高める方法を3つ紹介します。

方法❶ ゴールをつくるときに参画させる

ゴールを「何かを達成しなくてはならないハードル」として堅苦しく考えるのではなく、達成を祝う（報奨や祝福を与える）機会としてとらえると、楽しいものになります。また、何をゴールとするかを決めるときに関連メンバーを参加させると、意欲的に取り組みやすくなります

また、どうやって達成するか、その方法にゲーム性を持たせるのも、参加意欲を高めます。さらに、そのルールづくりの段階から参加者に関わってもらうと効果的です。その具体的な方法については後述します。

方法❷　ゴールを双方向でつくる

ＭＢＯ（目標による管理）などで目標を設定するときには、事前に組織目標を提示し、それを見ながらメンバー各自で作成する方法が一般的です。ここでは、それをさらに進化させた効果的な方法を紹介しましょう。

まず、メンバーそれぞれが、次の3つの質問の答えを簡単にまとめ、提出します。期間は3日間程度でいいでしょう。

①あなたは、会社から、何を期待されていると思いますか？
②あなたは、上司から、何を期待されていると思いますか？
③あなたは、同僚から、何を期待されていると思いますか？

次にメンバー全員が、お互いに期待していることを伝え合います。こうすることで、組織の中での自分の位置や期待値を理解することができます。その後、上司との個人面談を行い、上司が期待していること、会社が期待していることを伝えます。

このやり方が従来の方法と異なるのは、これまでは部下に対して一方的に上司や会社からの期待が伝えられるのに対し、あらかじめ部下は、自分が何を期待されているのかを考えていることです。そのため、部下の吸収力が高まり、面談も非常に濃い内容となります。

そして、それを受けて目標を修正させ、しばらくメールでやり取りをします。平均3往復程度のやり取りで、非常に納得度の高い目標が設定されます。

方法③ ゴールを自分で選ばせる

ある総合電気メーカーにおける興味深い調査データがあります。

この会社では、戦略的な事情から、まったく営業経験のない社員を集め、営業部隊を構築することになりました。私たちは「一人前の営業パーソンとして育成してほしい」という依頼を受け、関わることになりました。

まず、私たちは、すでに成果を上げているハイパフォーマー（業績が高い人）にインタビューし、「営業の肝」を作成しました。いわゆるコンピテンシーです。

例えば、こんな項目があげられました。

□お客様の話すペースに合わせる
□お客様のタイプに合わせた質問をする
□商談では、議事メモをその日のうちに作成し、先方に確認をしてもらう
□商談では、必ずお客様と自分の次回までのタスクや宿題を設定し、次のきっかけづくりにする

このコンピテンシーをただ提示しただけの場合、メンバーがこれを実施する率は、およそ30％でした。しかし、提示したコンピテンシーから自分で取り組むものを選択する方法にすると、行動に移す率は47％に上がったのです。

さらに、驚いたことに、提示したものの言い回しを変えるなど、自分なりにアレンジしてコンピテンシーをつくった場合、62％へと跳ね上がりました。与えられたものではなく、自分なりに設定したゴールに対しては愛着もわき、コミットも高まるのです。

Column

生きたマニュアル、死んだマニュアル

ある外食企業の社長から、「せっかくつくったマニュアルを社員に徹底させてほしい」という依頼がありました。社長はサービスレベルの均質化と底上げを狙い、多大な時間とコストをかけて、店舗マニュアルをつくり上げたのですが、実際の現場社員の行動を観察すると、徹底されているとは言いがたく、接客態度などに関するマニュアル遵守率は30％という状態でした。

社長はこう言いました。

「この業界で注目されているA社のマニュアルをベースにつくった完璧なものだと思うのですが……」

企業変革に取り組む際に陥りやすい点がここにあります。もちろん、他社のベストプラクティス（模範事例）を学ぶことは必要です。しかし、他社と自社の状況は異なるのですから、それを十分に咀嚼せずに取り入れてしまったら消化不良を起こすのは当然なのです。よき事例に学び、それを自社にカスタマイズさせ行動に結びつけるプロセスこそ、コーチングの出番かもしれません。

この会社では、店舗マネジャーにコーチングスキルを身に付けさせるトレーニングを実施しました。そして、店舗マネジャーたちはパートやアルバイトのスタッフに対して、マニュアルを渡すだけでなく、毎日、さまざまな質問を投げかけるようにしたのです。

「お客様にどういったイメージを持ってもらいたい?」

「そのためにお辞儀の角度や声のトーン、顔つきはどうしたらいいかな?」

当初はあまりの稚拙な回答に、上司は目まいを起こしそうでしたが、数週間継続していくうちに、スタッフたちは自分の言葉で語り始め、ごく自然に行動できるようになったのです。そして、遵守率は3カ月ほどで90%まで向上させることができました。

誰しもマニュアルという知識を提供されただけで、うまく行動できるとは限りません。それは「合わない他人の靴をはかせて、全力疾走させようとする」ようなものなのかもしれません。

知識を行動に変えるには、借り物を自分のものへとチューニングしていくプロセスが重要です

【ステップ2】測定

なぜ測定する必要があるのか？

行動の量や質を測定することによって、「どれだけ成果が達成されているか」「どれだけメンバーが行動しているか」という**現状**と、「向上しているのか、低下しているのか」という**変化**を具体的にとらえることが可能になります。

具体的な成果や行動を示すことで行動を引き出せたとしても、そのままにしておくと行動は自然と消えてしまいます。測定をしないと、「たいして必要ではないのではないのか」「やってもやらなくても同じ」と、行動が減少していくのです。つまり、行動してもほしいものが手に入らない「無視による行動弱化」が起きるのです。

あなたの企業に、長続きせず、頓挫してしまっているプロジェクトがあるなら、測定やフィードバックが欠如している可能性があります。

行動を継続させるには「測定をする」ことが極めて重要なのです。
測定には、具体的に次のような効果が期待できます。

①感情的になることを防げる

測定すると、客観的に事実をとらえられるため、上司と部下の間で共通のものさしで話を進めることができます。これによって、「スタッフがちっとも行動しない。まったく」「こんなにやっているのに、ちっともわかってくれない。ケチばかりつけて」といった食い違いや感情的になることを防ぐことができます。

②小さな進歩もキャッチできる

パフォーマンスの低い部下を育成する際に、あなたはこんな気持ちにかられたことはないでしょうか？「いつまでたっても、できの悪いやつだ」と。

ともすれば人は、他人を判断する際に、自分と比較してとらえる傾向があります。実は部下が3カ月前に比べれば成長していても、測定していないとその小さな成長を見逃してしまう危険があるのです。

上司が小さい進歩でもキャッチして「最近、おまえも成長してきたな」と一声かけるだけで、部下は「もっと頑張ろう」とやる気を高めるものです。

③動機付けのチャンスにできる

測定を行うと、部下は「重要なことだから測定されるのだ」と、その重要性を再認識しますし、同時に「承認されている」と感じてモチベーションが上がります。「上司は、自分の行動や成果を認めようとしてくれている」と思うからです。

何を、どのように測定するか？

測定する内容は「成果」と「行動」です。基本的な測定方法は、「カウントする」「判断する」の2とおりとなります。

成果の測定方法

①カウントする（例：売上高、客先訪問回数、新規顧客数、時間当たり製造数など）

これが最も一般的で客観的な測定方法と言えるでしょう。回数、数量、日数、時間などでカウントします。

②判断する　（例：顧客満足度、レポートの質など）

カウントできない場合は「判断」します。特に成果の質を測定するときに効果的な方法です。

この際に注意したいのは、恣意的に見えないようにすることです。そのためには、事前に具体的な判断の軸（レポートの質が高いとは、何をもってそう判断するのか）を設定しておき、定性的な表現（どんな状態であるとよいのか）で記載しておくことが重要です。そして、信頼性（複数の人が評価して著しいズレが生じない）を高めるために修正を重ねることと、判断する力を養う訓練が必要となります。

行動の測定方法

①カウントする　（例：秒数や歩数、口癖など）

行動をカウントするためには、その行動者を観察する必要があります。これには直接同席や同行してカウントする場合と、ビデオ撮影などして後でカウントする方法があります。

例えば、プレゼンテーションなどで気になる「あのぉ」「ちょっと」などの口癖を時間当たり何回言ったか、外食レストランでの生産性向上のための調理工程や、生産現場での段取り替え工程の時間や歩数などは、ビデオで撮影し、後でカウントしたりします。

②判断する（例：チームワーク、リーダーシップ、営業スキル）

行動をカウントできない場合は、「判断」で測定する必要があります。

営業マンがお客様と商談しているときの笑顔、挨拶、明るさ、アイコンタクト、背筋ののび具合などはカウントするのは難しいものです。あらかじめ判断尺度を設けておき、点数化する（この状態ならば1点、この状態ならば5点）ことがお勧めです。

測定データの集め方

成果や行動のデータを集める方法には、大きく2つあります。**上司が直接収集する方法**と、**部下の協力を得て収集する方法**です。

企業では、部下の協力を得て収集するケースのほうが多いでしょう。具体的には、日報などの資料提出による自己申告などです。

そうした現状の中で、多くの上司が心配するのが、「部下は正しいデータを出さないのではないか?」というものです。上司が見るデータだとわかっている以上、「よく見せようとして、虚偽報告するのではないか?」と危惧するわけです。

確かに、私も多くの虚偽報告（実際より多めに報告する。リスクを伴う可能性に触れず、問題がないような報告をする、など）の現場に遭遇してきました。

では、そもそも虚偽報告はなぜ起こるのでしょうか? その原因がわかれば、対策が立てられます。

これは、過去に「測定結果が主に脅迫や処罰に使われていたから」です。測定結果を見た上司が、平均以上のときは放っておいて（無視して）、悪化したときに「こんなんじゃ降格だ」「クビだ」と脅したり、「本当にダメなヤツだ」などと批判したり、処罰したことがあるから、部下は隠したがるのです。

このような場合は、まず、部下が、測定されることに対して否定的な連想をしてしまう現状を打開する必要があります。それには、**測定結果を罰や脅迫を与えるために使用するのではなく、「測定結果により動機付けすること」を習慣化する**ことです。測定結果が悪くても、本人が改善すべき点に気づいて自発的に行動するように、また、上司もやる気と行動につながるよう励ましていくのです。

また、部下による報告による測定を開始する場合には、開始当初は「パフォーマンスの変化」よりも、「正確な値を報告させる」ほうに力を入れたほうがいいでしょう。そうなれば測定がしやすくなり、適切な行動強化をすることが可能となるからです。

測定は不定期に行うのがポイント

測定のタイミングが定期的になってくると、刺激が少なくなり、行動にも悪影響を及ぼすことがあります。例えば、毎週水曜日の午前中に定例ミーティングをすることがわかっていると、週末にかけては行動の頻度が落ち、週明けに挽回するかのような行動を起こす社員もいるかもしれません。

外食産業や販売業界でよく活用されている店舗接客力の診断（ミステリーショッパー）では、診断会社のリサーチ担当者は客になりすまし、訪問時間帯も店舗スタッフには告げられていません。もし、これが事前に伝えられていたら、その時間帯だけ、ふだん以上に接客に力を入れたりすることが起きるかもしれないからです。

測定するタイミングは、最初は定期的でもいいと思いますが、いずれ不定期にするのがポイントです。不定期になると、**「いつ測定されるかわからないので、いつも行動する」**

となります。これは行動を定着させるためには必要なプロセスなのです。

Column

〈成功現場からのメッセージ①〉

成長を喜ぶ職場では、社員は自分からフィードバックを求めるようになる

ある製薬会社から、営業部門の所長クラスにコーチングスキルを身につけさせ、部門の活性化、業績の向上を狙うプロジェクトへの協力を依頼されました。

最初に私たちは、数十人いる所長の現状のコーチングスキルの度合と所内の雰囲気を測定するために、弊社が開発したアンケート調査であるCSA（コーチングスキルアセスメント）を実施しました。さらに、1年間に渡るプロジェクトの中盤で1回、最後に1回と、計3回のアセスメントを実施する予定でした。

また、プロジェクトの最中、それとは別に何度か測定項目を設け、測定結果の収集をお願いしていました。測定項目は、「部下に対する問いかけの回数」「部下とのコミュニケーション時間」「部下に対する承認による行動強化の回数」などで

す。週に1度のグループコーチングの際に実施度合を確認するのですが、実施回数の多い／少ないを問うのではなく、それを試してきたことについて、そこで得られた気づき、メリットに焦点をあてて承認をしていきました。

プロジェクト中盤からは、自分でつくった指標やグラフをメンバーに紹介してくれる人も出はじめました。明らかに彼らは測定を全く恐れることなく、むしろ回を重ねるごとに楽しみ、積極的に測定結果を生かすように変わっていったのです。

冒頭にあげたアセスメントも、3回を終えたあと、「継続してこのアセスメントを実施してほしい」という所長の声が大半を占めたため、今でも継続して半年に1回、実施しています。

【ステップ3】フィードバック

フィードバックとは？

「社員のパフォーマンスが悪い」という問題は、多くの場合、「フィードバックの欠乏」が要因です。ある部下が、なまけ者、やる気がない、積極性に欠けるといった状態の場合、**問題点の多くはフィードバック不足にあることが多い**のです。

しかし、上司はこう言うかもしれません。「何度も測定データを見せているし、言葉でも伝えて指導している」と。

しかし、それはやり方が間違っているのです。部下に伝わっていないのです。

フィードバックとは、過去の行動の情報やデータを用いて、その人の行動を**「目標を達成するのに必要な行動」に変化させる**ことです。したがって、フィードバックするときは「ある目標に対して、現在どういう状態か？」「向上するには、どうする必要があるか？」

を具体的かつ明確に伝える必要があります。

あなたは、この2点を意識してフィードバックしていますか？

失敗現場からのメッセージ

本来、フィードバックは業績向上に効果的に使用できる最も安く簡単な方法です。しかし、過去にフィードバックしても業績向上につながらなかった経験がある人も多いために、使われていなかったり、使われたとしても長続きしなかったり、もしくは逆効果となっているケースもあるのです。

あるソフトウェア開発販売会社では、営業担当者のあらゆる行動履歴がデータとして保管されていました。部長はもちろん営業担当者自身にもオープンにされていたものです。しかし、ただ大量のデータがあふれているだけで、何ひとつ活用されているとは言えない状態でした。

また、ある自動車販社の店舗では、営業マンのやる気を鼓舞しようと、壁に個人別業績グラフを貼ったのですが、かえって士気が落ち、職場のムードが悪化しただけでした。

さらに、ある自動車メーカーでは、社員に対する意識調査などの各種アセスメントを実施することが恒常化していました。ところが、その結果は社員にはまったくフィードバックされないか、あったとしても数カ月後にサマリーとして見るだけだったのです。社員は今日もどこかの調査に「またか」と思いながらも答えていました。

どうしてこうなってしまうのでしょうか?

それは、フィードバックを成功させるポイントを押さえていないからです。効果的なフィードバックシステムのデザインに欠かせない要因を説明することにしましょう。

効果的なフィードバックとは?

フィードバックを効果的に運用するために、6個のチェック項目をあげます。これからフィードバックシステムを構築しようと思っている方、運用中のシステムを再確認しようとしている方はチェックしてみてください。

〈診断〉

あなたの組織で活用しているシステムのフィードバックの部分について、満足のいく項目はいくつありますか？

1　フィードバックがわかりやすい
2　ゴールに対して、フィードバックが行われている
3　当事者がコントロールできる業績をフィードバックしている
4　即座にフィードバックされている
5　フィードバックは個別に行っている
6　フィードバックが動機付けとなっている

1　フィードバックがわかりやすい

フィードバックは、社員が理解できるものでなければ意味がありません。

ある会社の営業所で月例ミーティングに参加したとき、数字でびっしりと埋まった資料が何十枚も配られ、驚いたことがあります。売上データ、エリアデータ、個人データといった数多くの情報が羅列され、比率などを出した分析数値の一覧も掲載されていました。

これではあまりに多くの情報が氾濫し、複雑すぎます。

図16　フィードバック用の図表

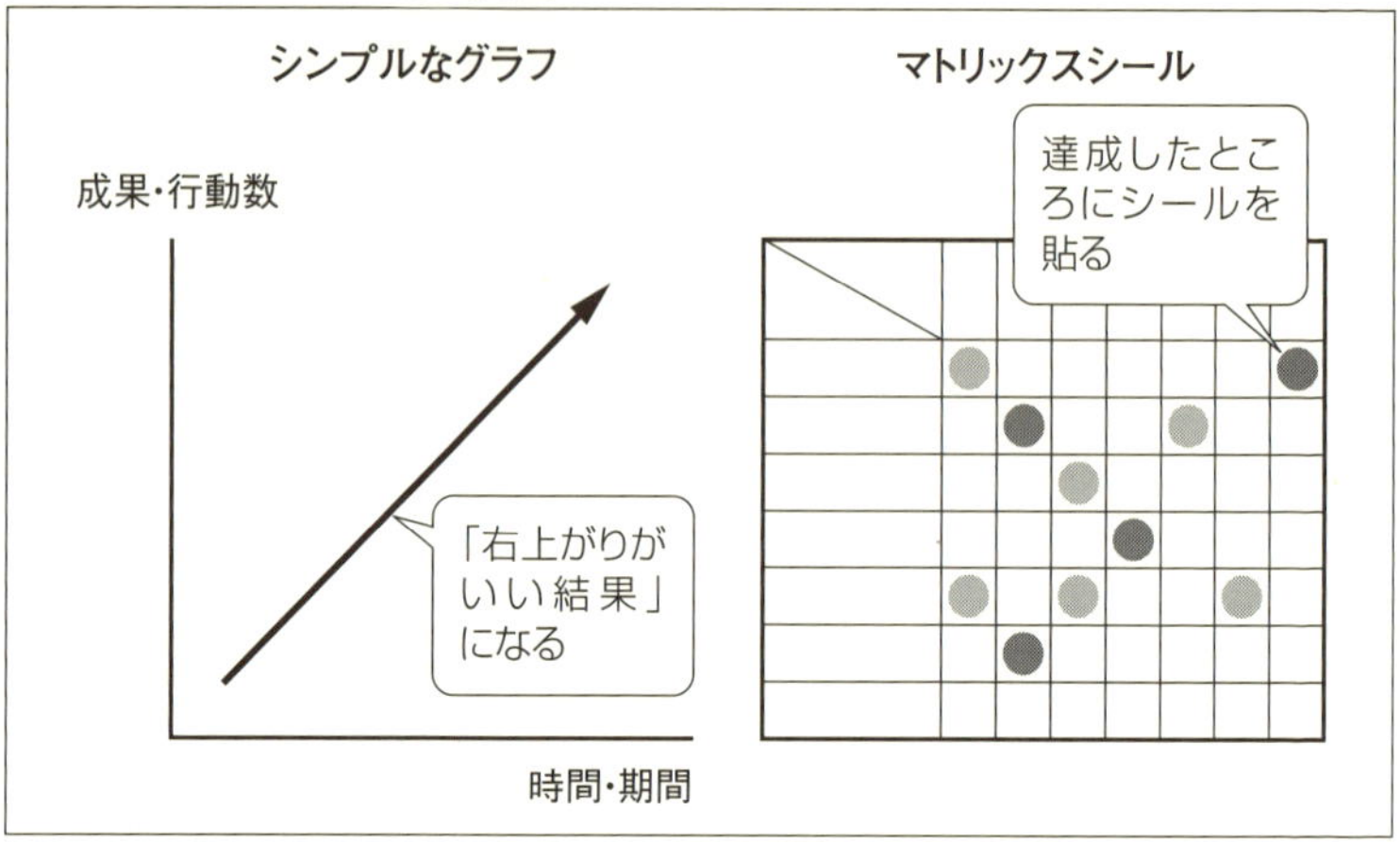

フィードバックはシンプルでなければなりません。「そこから何を学べばいいのか？　次にどういう行動を取ることが求められているのか？」が伝わりやすくなるからです。そのためには、**グラフや図など、視覚的に変化が理解できるツールを使うと効果的**です。

最もシンプルなのは、横軸に時間や期間、縦軸に業績や成果をとり、「右上がりがいい結果」となるグラフです。

また、グラフ以外の測定・フィードバックの方法として、「シール」を使う方法もあります。具体的には「教えてシグナルシート」（5章）、「ゴールのビンゴゲーム」（3章）なども参考にしてみてください。いずれにしても、視覚的に変化

図17　ポイントチェックリスト

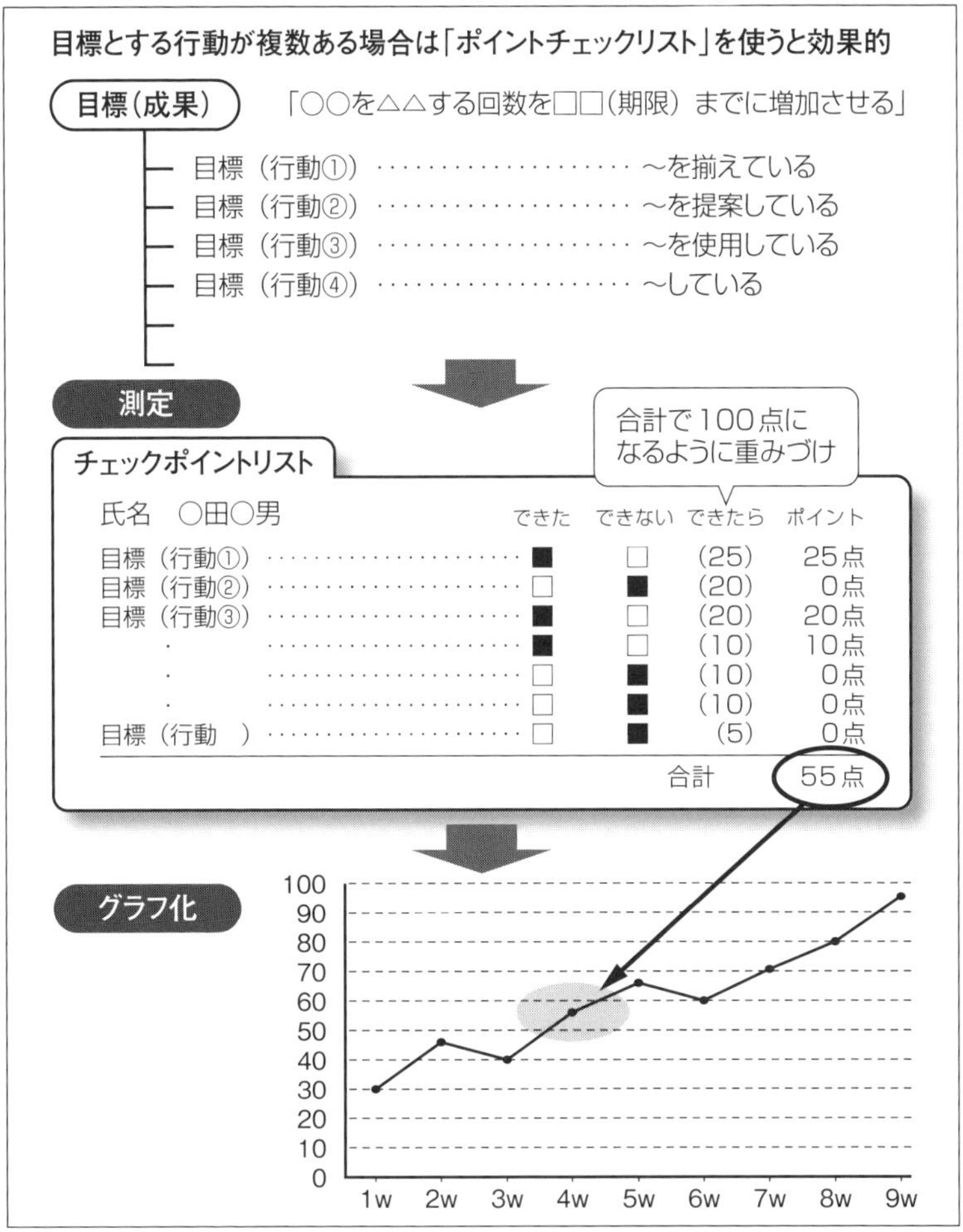

目標とする行動が複数ある場合は「ポイントチェックリスト」を使うと効果的
目標(成果)
「○○を△△する回数を□□(期限)までに増加させる」
目標(行動①)……～を揃えている
目標(行動②)……～を提案している
目標(行動③)……～を使用している
目標(行動④)……～している
測定
チェックポイントリスト
合計で100点になるように重みづけ
氏名　○田○男
できた　できない　できたら　ポイント
目標(行動①)……■　□　(25)　25点
目標(行動②)……□　■　(20)　0点
目標(行動③)……■　□　(20)　20点
……■　□　(10)　10点
……□　■　(10)　0点
……□　■　(10)　0点
目標(行動　)……□　■　(5)　0点
合計　55点
グラフ化
100
90
80
70
60
50
40
30
20
10
0
1w　2w　3w　4w　5w　6w　7w　8w　9w

が理解できるもの、次に何をしたらいいのかがわかるものとなっています。

「目標とする成果を特定し、それを達成するための必要な行動はつくれました。しかし、必要な行動はいくつもあって、これをすべてグラフ化するのですか?」という質問をよく受けます。

確かに、複数の行動を一つひとつ別のグラフにすることは手間もかかりますし、不可能と言えるでしょう。こういうときはチェックポイントリストという方法があります。特定した行動をチェックして、重み付けしたポイントでかけ、総合点を算出してそれをグラフ化するという方法です。

2 ゴールに対して、フィードバックが行われている

ゴールに対してどの程度達成しているか、フィードバックを通じて行動者に教えることが重要です。フィードバックは、まったくゴールのない状態で行っても機能しません。適切なゴールと合わさった形で行うほうが確実に業績向上につながります。

3 当事者がコントロールできる業績をフィードバックする

Aさんにフィードバックする数値やグラフは、Aさん自身の努力で変えられる行動、コ

ントロールできる成果や業績をもとにしなければなりません。当たり前のようなことですが、できていないケースが多いのです。

例えば、あるエレクトロニクスメーカーの製造資材部門の社員は、資材調達の納期を遵守するよう指示されていました。壁にグラフが掲示され、全員が納期遵守するよう努めていました。しかし、測定し始めてから1カ月目の結果は、目標未達。それどころか、開始当時のベースラインよりも悪化していたのです。

問題は、資材部門は、関連部門の作業工程の遅延などが大きく影響してしまう点にありました。例えば、営業部門が顧客からの厳しい納期要求を受け入れてしまったり、設計部門などで使用部品指示工程が少しでも遅延したりすると、「納期遵守ははじめから無理」というケースが出てくるのです。

このように他部門の行動の影響を受けやすい部署では、「成果がすべて自分の責任で生まれるもの」と、「他人（関係部門、取引先、市場環境・規制緩和など）の責任によって左右されてしまうもの」をしっかりと分けて測定し、フィードバックする必要があります。

グラフなどを作成する場合には、**「成果がすべて自分の責任で生まれるもの」のみが反映される数値を探し出して使うことがポイント**です。自分たちがコントロールできない要素の入った業績をフィードバックされても、まったく自分と関係のないものとしてとらえてしまうでしょう。これでは意味がありません。

適切な目標づくりにも関係してきますが、この設定にミスがあると、モチベーションを落とす懸念があります。

もうひとつ注意しなければならないのは、「そもそも行動者自身が、その行動を行うための知識と能力を持っているか」です。トレーニング不足、またはトレーニングが行き渡っていない場合、行動者がコントロールできるはずの行動であっても、フィードバックの効果はないでしょう。

4　即座にフィードバックされている

フィードバックは行動が起こったすぐ後にするのがベストです。テレビゲームは自分がコントローラーを動かすと、すぐキャラクターが反応するから面白く感じます。そこで得られた点数は、リアルに画面に表示されています。インターネット上で行う心理テストや性格診断なども、項目をチェックすると即座に結果が見ることができるからこそ面白いのです。それが、「あとで診断結果を郵送する」といった形式ならば、取り組む人はぐっと減るのではないでしょうか。

同じように職場でも、本人がすぐにフィードバックを受けられるシステムがあるとよいのです。これは早ければ早いほど効果があります。行動直後のフィードバックは、一週間後のフィードバックよりも行動者に行動を変えるチャンスを多く与えます。パフォーマンスとフィードバックの時間的なズレが生じると、効果が激減してしまいます。

フィードバックで取り扱う情報には、２つあります。

ひとつは、「まさに今起こっている行動」に関する情報、２つめは「成果や業績など、過去のパフォーマンス」に関する情報です。前者は口頭で、後者はグラフでフィードバックすることが多いでしょう。タイミングとしては、前者は即座に、後者はできるかぎり早く、が理想です。

①行動を観察し、その場でフィードバックする

ベテラン社員が新人社員を見て「ちょっとあの行動には問題があるな」と思ったとしても、「まあ、いいか。あとで伝えよう」「きっと誰かが注意するだろう」と結局そのままにしてしまうことがあります。それどころか、本人のいないところで「今年の新人は……」と噂している場合さえあります。

このような状況は、社内で、部下が背中に「私は仕事ができないダメ人間です」と貼り紙をされて歩き回っているのを、上司が傍観しているのと同じです。

一般に、自分の行動について、自分では気づくことはまれです。上司が、社員同士が、たとえそれがその本人にとってネガティブなことであってもフィードバックし合う組織文化が必要です。まさに「今、ここでフィードバックする」ことが、忘れてはいけないキーワードなのです。

②業績のフィードバックは、できる限り早く

業績のフィードバックは即座に行われるのが理想的です。1週間ごとよりも1日ごと、1日ごとよりも1時間ごとのほうが望ましいのは言うまでもありません。

もちろん、リアルタイムに業績が把握できる仕組みを構築するには多額の投資が必要です。業種や企業規模によって困難な場合もあるでしょう。しかし、月間のフィードバックは年に12回。四半期ごとともなると年に4回と、行動を強化し業績を引き出すチャンスにしては、あまりにも少なすぎるのです。

5　フィードバックは個別に行っている

フィードバックは、**個人のパフォーマンスに基づいて個別に行われていることが最も効果的**です。個々のフィードバックは自ずと具体的な内容となり、理解しやすいからです。

しかし、個人ごとに測定できない場合も多くあります。その場合は、原則としては最少単位ごとにフィードバックします。例えば、複数のメンバーが参加するプロジェクトなどで、個人別の業績が出しにくい場合は、プロジェクトグループ全体のパフォーマンスに対してフィードバックするのです。ただし、次のようなポイントに気をつけることが大切です。

①グループの業績はオープンに、個別フィードバックは非公開にする

グループやチームの業績は、事務所内など公の場に、グラフなどの形で掲示したほうがいいでしょう。「グループの目標を達成させるために、自分は何ができるのか？　どのような貢献ができるのか？」を考えるようになるからです。

グループのハイパフォーマーは、ローパフォーマー（業績が低い人）を活性化させないとグループの目標が達成できない、ひいては自分の目標達成にもならないため、積極的に知識やノウハウを提供するようになります。うまくいったアイデアなどをグループメンバー間で交換するようになり、自然とナレッジが共有され、一体感が醸成されます。

ここで注意したいのは、個別のフィードバックも併用する必要があることです。グルー

プ全体で目標を達成し、評価されると、グループ内でのローパフォーマーの行動が強化されてしまいます。「自分がやらなくても大丈夫なんだ」と考えて、さぼる行動が引き起こされる可能性があるのです。これは当然、個別に指導していく必要があります。

一方、グループの成果に最も貢献したハイパフォーマーは「おれが頑張っているのに、どうして平均化されてしまうんだ」「おれの努力はどこにいったんだ」と不満を持つことがあります。そういう意味でも、上司は構成員個々人の行動をきちんと観察しておき、個別にフィードバックするフォローが大切なのです。

②個人の業績を公開すると弊害が起きる可能性がある

販売会社で個業スタッフの成績をランク付けしていたり、営業所で個々人の業績グラフを壁に掲示してある場面によく出会います。

こうしたフィードバック方法は当たり前のように行われていますが、大きな弊害が生じる可能性があります。営業スタッフ同士で競争が始まり、個々人が持つ営業ノウハウや他のスタッフに有益な情報が共有化されなくなってしまうのです。「人に教えてしまったら、自分の成績順位が下がる」というわけです。

また、個人別の成績を公開された場合、一部の人にとっては罰が下されるに等しい結果になることも考慮するべきでしょう。

ある飲料製造販売会社の営業所を訪れたときに印象的だったのが、所内の壁一面に貼り出された営業スタッフの個人別の成績グラフでした。グラフには達成率なども大きく書いてあって、目標を達成したスタッフのグラフには、選挙で当選したかのように花までつけてあるのです。

飲料業界は競争が激しくなっており、その会社も現在のシェアを脅かされていました。競争に勝つためには、競合他社の動きを察知し、市場ニーズに合った施策を打つ必要がありました。そのために営業スタッフは地域を綿密に回り、情報収集に奔走していたのですが、集めた情報はほとんど活用されていない状態でした。この営業所内では、それぞれの営業スタッフ同士が情報を抱え込んでしまい、殺伐とした雰囲気まであったからです。

例えば、成績トップクラスの営業スタッフAさんは、自分の顧客から、担当外地域の有力情報を入手していました。しかし、その地域の担当Sさんは、Aさんと順位を争っているライバルだったため、情報を与えることでSさんの業績が上がることを怖れたAさんは、結局、情報を握りつぶしてしまいました。

あなたの職場でも、こうした弊害を引き起こしてはいませんか？　再確認してみてください。

6 フィードバックが動機付けとなっている

一般的にフィードバックは、何をどう間違ったか、〝うまくいかなかったこと〟の原因探しに集中しがちです。しかし、これでは、上司が「ちょっとフィードバックしたいのだけど」と声をかけるたび、部下は、「また、文句を言われるんだな」と思うでしょう。

効果的なフィードバックとなる「グラフ化」という手法をとったとしても、常にグラフを材料に叱責されていると、グラフを見るたびに嫌な気持ちになりますし、いずれは見なくなってしまうことでしょう。

こんな雰囲気では、嘘の報告が増えてきます。「反応はいいですよ」「そのことについてはわかったような気がします」「次は頑張ります」などとあいまいな表現や根拠のない発言が増え、上司が嫌がる情報を隠すようになります。そうなると上司は、本当の現場での現状がわからなくなり、正しい判断が難しくなってきます。

フィードバックは、**次の行動への動機付けの機会**としてとらえましょう。個人を追い詰めるためではなく、**問題解決に使う**のです。グラフを材料に「みんな、どうしたらいいと思う?」と呼びかけ、コミュニケーションのきっかけとして活用しましょう。

部下がフィードバックを楽しみにするような雰囲気をつくることが大切です。

フィードバックは業績向上に必要だが、それのみでは不十分

ここまでは、フィードバックの重要性と効果的な方法について触れてきました。ここで、興味深い研究結果があります。フィードバックのみではパフォーマンスに影響がないことという実験結果です。

この実験では、「紙に穴を開ける」という非常に飽きやすい作業を行い、実験対象のグループごとにフィードバックの量を変えました。この実験のポイントは、業績が向上しても、フィードバックだけを行い、承認を与えなかったことです。実験担当者は各グループに対して、結果が良くても悪くても、一向に関係がないように振る舞っていました。また、賃金は業績に対してではなく、時間制で支払うようにしていました。

結果として、フィードバックがあってもなくても、各グループの業績は向上しなかったのです。この実験では、**「承認なしのフィードバックは、業績を向上させない」**と結論付けられました。

Column

〈成功現場からのメッセージ②〉
変革マップ――変化を「見える化」する

ある食品メーカーの話です。

ここ1年間、社長直轄で動いている企業変革プロジェクトでは、進捗具合がひと目で理解できる「変革マップ」をつくっていました（左図）。複数のプロジェクトが同時に走っているのですが、どのプロジェクトが何合目まできているのかがひと目でわかるのです。

このマップは、社内のイントラネットのポータルサイトに掲示されており、1週間ごとに更新されていました。社員はいつもその変化を目にしながら仕事をしているのです。

あるとき、進捗の遅れているプロジェクトがあり、その遅れをカバーするため、「ボランティアとして5名募集」とイントラネットに記載したところ、1日で30名が名乗りを上げたといいます。

ここで言う「ボランティア」とは、もちろん「無償で働く」という意味ではなく、通常の自分の仕事をこなしながら、そのプロジェクトにも参加するというこ

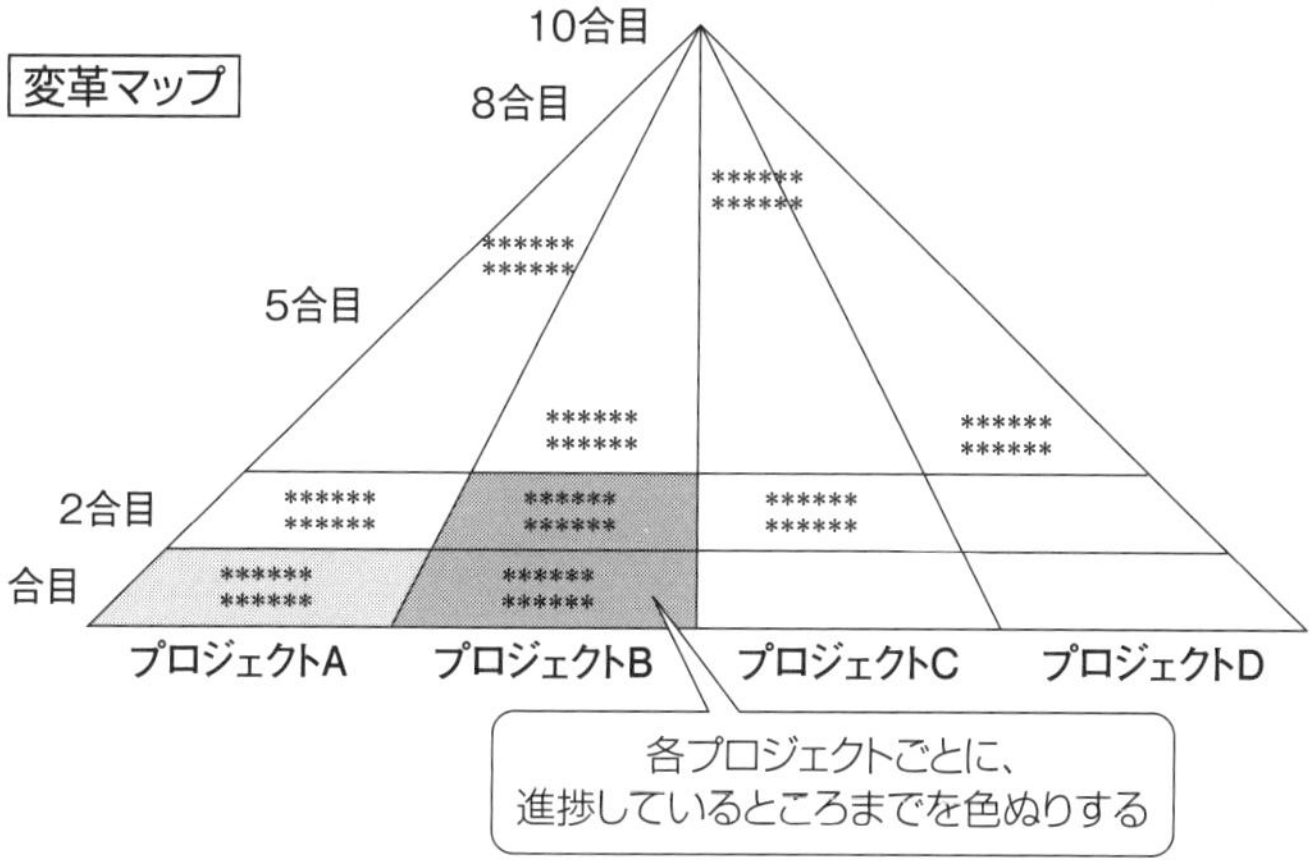

とです。負担が増えるのは目に見えているわけですが、それでも名乗りを上げたのは、おそらく毎日変革マップを見ながら、「このプロジェクトチームは進行が遅れているな。大丈夫だろうか」と心配していたからでしょう。

自分たちのプロジェクトが10合目に来ても、他のプロジェクトが到達しなければ、企業変革というゴールを達成することはできません。他人を助けることが、自分を助けることにもつながるわけです。

このように、マップは社内の一体感を醸成するのにも効果があるのです。

〈成功現場からのメッセージ③〉

ゲーム感覚でゴールを狙う

ある大手精密機器メーカーの大阪の研究所では、模造紙にすごろくのような図をつくり、大阪の御堂筋線の駅名が記入してあります。一番左に「なかもず駅」、少し右上に線路が延びて、最終駅は「千里中央駅」。ゴールである千里中央駅の横には「目標となる状態」を書き、スタート地点のなかもず駅には「プロジェクト発足」と書いてあります。

目標達成までのステップ（状態）も1駅ごとに表し、達成度に応じて色が変化していきます。難波あたりに来ると「飲みすぎ注意！」、梅田には「寄り道するな」のように、ユニークな書き込みもあり、楽しい雰囲気になっています。

このようなマップがあると、常にプロジェクトの進行状況と内容を気にかけることができ、途中で違う方向にそれてしまうことも防げるわけです。

〈成功現場からのメッセージ④〉

フィードバックは「行動の直後」と「次の行動の直前」に行う

ある医薬品営業で好業績部署の特徴をリサーチした結果、次のような傾向が見られました。まず、営業所長やチームリーダーが営業スタッフ（MR）と同行営業していること。そして、営業が終わった後に、即座に内容のレビューを行い、MRが取った行動について口頭によるフィードバックを行っていました。そして、さらにトップ営業所では、そのフィードバックした内容を営業所長やチームリーダが記録しておき、MRが次回営業に出かける間際に、本人に「この前は○○だったけど、今日はどんな戦略でいく？」と質問するそうです。すると前回のフィードバックの内容の再確認になりますし、事前にしっかりと課題を把握しながら出発できるそうです。

フィードバックを与える絶好のチャンスは、「行動した直後」であるとともに、さらによいのは「次の行動の直前」にも行うことのようです。

【ステップ4】承認

「承認」とは？

「承認」とは、ほめるだけではありません。例えば、「A社の契約が取れたんだね」「最近、わかりやすい企画書を書くようになったね」など成果や成長を指摘する、「今日は遅くまで残っているね」「髪を切ったんだね」と観察したことを伝える、また「○○さん」と相手の名前を呼ぶことも承認になります。

承認とは、その人の存在を認める、つまり「その人がそこにいるということに、私は気づいている、というメッセージを伝えること」なのです。

私たちは、常に承認されることを求めています。人間が潜在的に持っている、基本的な欲求とも言えるでしょう。人間はその誕生から今まで、周囲の人間と協力関係を結び、生き延びてきました。人間は、厳しい自然や他の動物から身を守るための大きな体も、鋭い牙も、硬い甲羅も持ってはいませんでした。その代わりに、お互いに協力し、知恵を出し合い、共に生きることで、今日までの歴史を築き上げてきたのです。

ですから、自分が周囲の人間との協力関係の輪の中に入っているかどうかは、死活問題であったと言えるでしょう。

だからこそ、生き延びるための確かな証拠として、**人間は常に「自分は周囲の人間の協力関係の輪の中に入っている。存在を求められている」という承認を潜在的に求める**ようになったのです。

人の行動は承認の方向に流れる

したがって、人間の行動は、承認の方向に流れます。

ある行動を取ったことで、他人からほめられると、その人のその行動は強化・増加します。一方、ある行動を取ったのに周りから反応がないと、その人のその行動はだんだんと弱化・減少していきます。ほめられればうれしいので何回もするけれども、やっても無反応だと「やっても無駄」ということで、なくなっていくわけです。

ということは……、今、あなたの職場で起きている行動は、なんらかのことで強化された結果ということになります。望ましい行動であれ、望ましくない行動であれ……。

職場の行動は、職場の上司・同僚がする承認の方向に流れていきます。その行動の一つひとつの積み重ねが、その職場の風土と言っても過言ではありません。あなたの今した承認が、今の職場の風土をつくっています。

さあ、職場全体で、どんな行動を承認していきますか?

承認には3タイプある

承認には、次の3種類があります。

①存在承認

これは、その人の存在自体を認めることです。

あいさつする、会釈する、声をかける、名前を呼ぶ、誘う、任せる、頼りにする、目線を合わせる、相手を見る、呼ばれたら顔をそちらに向ける、うなずく、同意する、相談をする……などです。

②行為承認

なにかしら望ましい行動をしたときに承認することです。

丁寧なあいさつとすがすがしい接客は、すぐに結果が出なくても、結果を出すためには、絶対に必要なアクションです。それに対して、「よくやっているね」「成長したじゃないか！」と声をかけたりするのが「行為承認」です。

③結果承認

なにかしら出た結果に対して承認することです。例えば、売上目標や利益目標を達成したことに対して表彰される、インセンティブが出る、などです。

ここまでお話をすると、こう言う上司の方がいます。

「いやぁ、中島さん、話はわかるよ。でもね、ほめたいんだけど、うちのやつら、ほめるとこがないんですよ！　どうしたもんですかね？（苦笑）」

私は、こういうときには、こうお答えしています。

「それなら、ほめなくて結構です。ほめるところがないのにほめてしまうと、望ましく

図18　3つの承認を使いこなそう

1　存在承認

あいさつする、会釈する、声をかける、名前を呼ぶ、誘う、仕事を任せる、目線を合わせる、相手を見る、呼ばれたら顔をそちらに向ける、うなずく、同意する、相談をする、相談にのる、約束の時間を守る、お土産を買って帰る、誕生日を覚えている、叱る、ボディタッチ、握手する、趣味、将来の夢について聞く、その人の影響をI/WEメッセージで 伝える、人に紹介する、みんなの前で意見を求める、教えてもらう、意見を求める、その人の得意な話題を振る、その人の好きなもの（本、映画など）を紹介する、相手の冗談に反応する、その人の家族を気づかう、役割を与える　など

2　行為承認

ほめる、お礼を言う、ねぎらう、感謝する、拍手する、変化に気づいて伝える、変化・成果の事実を伝える、状況・事実を伝える（「やっているね」「会社に早く来ているね」）、メールに早く返事をする、前に言ったことを覚えている、成果について聞き出す、成功談を聞く、「△△さんが○○と言っていたよ」とよい評判を伝える　など

3　結果承認

業績向上、ノルマ達成、事例紹介、賞与、昇格、昇進、報奨、月間MVP　など

ない行動を強化してしまう可能性がありますから。ほめるに値する行為があったときに、その行為についてほめる。それがない場合は、その人の存在自体はあるのですから、存在承認はできるでしょう。まずは、そこから始めてはいかがですか?」

あなたは、「存在承認」「行為承認」「結果承認」を使い分けられていますか? バランスはいかがでしょうか? 意識してみてください。

効果的な承認をするコツ

承認のバリエーションは数限りなくありますが、ポイントを押さえなければ行動強化につながりません。効果的な承認のポイントを4つ紹介しておきましょう。

①受け手に合った承認をする

承認はモチベーション向上に有効ですが、相手に合った承認をしなければ効果が半減します。「なんて素晴らしいんだ!」と皆の前でほめられるのが好きな人もいれば、個別に「君の企画書が一番良かったよ」と伝えてもらいたい人もいます。

相手に合う承認を見つけるには「本人に聞く」「試行錯誤する」「観察する」といった方法があります。部下はそれぞれ違うのですから、その違いを意識することが大事です。私はコーチング研修などで**「承認データベース」**をつくることを勧めています。

部下一人ひとりにとって有効な承認を見つけ、記録しておく小さなノートを用意するのです。成績を伸ばした部下に対して、思いきりほめてみたり、具体的なデータに基づいて成果を確認したり、飲み会を設定したりといったさまざまな承認を試します。そして承認に対する相手の反応をノートに記録しておきます。その後、部下の行動がどう変化したかを観察し、合わせてメモします。

ノートを見返せば、その部下にとって効果がある承認方法が明らかになるでしょう。部下本人から、こんな承認がほしいというリクエストが出てきたらラッキーです。それも迷わずメモします。それぞれの部下に合った承認が記録されたノートは、上司にとって大きな財産となるでしょう。

研修で「承認データベース」の作成を勧めると、半年後くらいに自分がつくったデータベースを見せてくださる方がいます。ある方は、部下一人ひとりに「○○君はアイデアを否定されると耳が閉じる」「○○さんは、注意した後、時間を少し置いてから提案する形でいったほうがいい」などと細かく書いていました。よく観察していることが伝わってきます。特に、部下との関わり方に悩んでいる上司の方には、取り組む価値がある方法だと思います。

②何に対する承認かを明確にする

「社員がよくやってくれているから」といって福利厚生を充実させても、それが直接の原因となって業績が高まることは考えにくいでしょう。**「自分のどんな行動に対して承認されたのか」という関係性が明確にならないと、行動や成果に対するモチベーション向上にはつながりません。**

賞与などは評価される時期と支給される時期に数カ月のズレがあるため、実際にはどの行動に対する承認なのかが実感しにくくなります。望ましい行動を強化するには、「どの行動や結果に対して」承認しているのかを明確にするべきです。

③今、すぐに承認する　―時間とともに、効果は激減する―

部下が望ましい行動をしたときにタイミングよく承認すると、モチベーション向上に高い効果があります。しかし、時間を置けば置くほど、その効果は薄くなります。

ある自動車ディーラーでの話です。A店長は、新人営業マンのB君の接客が気がかりでした。いかにも自信がなさそうに接客しているからです。そこで、B君に「パンフレットをじっと見ながら説明していても伝わらないよ。お客様とアイコンタクトしなければ。あと、猫背だと自信がないように見えるからね」と常に伝えていました。数週間、接客のロールプレイも行いましたが、実際の接客になると、視線は落ち、猫背になってしまいます。

しかしある日、A店長が本社会議のために出かけようとしたときのことです。ふと接客ブースに目を向けると、B君は普段よりも背筋を伸ばし、お客様と目を合わせていました。その姿は信頼の置ける営業スタッフに見えました。

A店長は会議に遅れることがわかっていながら、接客が終わるのを20分待ちました。そして、お客様を見送った後にすぐ、人差し指で目と背中を指しながら「今日はコレとコレ、できたじゃないか」と伝えたのです。「コレとコレ」というのは、まさしくアイコンタクトと背筋です。

この出来事は、B君にとって大きなインパクトがありました。**上司がいつも目にかけてくれていて、成長をすぐにフィードバックしてくれるというのは、この上ない承認です。**特に本人さえ気づいていない成長についてフィードバックすることは、望ましい行動を定着させる上で最も効果的です。その日以来、B君は自信を持って接客に臨むようになったそうです。

承認は今すぐ。これが鉄則です。

④自分が思っている以上に承認する

ある工場で職場活性化プログラムを行ったときのことです。集合研修を実施してしばらくたった後、工場を訪問しました。1カ月ぶりに会った工場長は、私を見つけると困ったような顔をし、「承認しても部下は変わりません。全然だめでした」と嘆きました。

そこで私は工場のスタッフ数人に、工場長から承認されたか、質問してみました。すると、総じて「まったく承認されていない。以前と変わらない」という答えが返ってきたのです。最近のやり取りについて聞いてみると、工場長はたった2、3回承認しただけであきらめてしまったようでした。

人は絶対的な安心感と満ち足りた承認によって、やっと動きます。1回や2回の承認では足りないのです。相手に動いてもらいたいと思うならば、自分が思っている以上に承認をしましょう。やりすぎということはありません。

人は必ず承認を得たいと望んでいる

私たちは「自分が協力関係の輪の中にいるかどうか」について、深いレベルで不安を抱き、それに対する確信を得たいと望んでいます。

「会社」というひとつの社会において、社員は必ず「自分は確かにこの会社の一員として認められている」という、上司や同僚からの承認を得たいと望んでいるものです。意識の中で潜在的に優先されているこの欲求が十分に満たされていないかぎり、部下は自分のことで精一杯であり、「会社での自分の役割」や「会社への貢献」に意識が向ける余裕などないのです。

そういう状況で人が起こす典型的な反応は2つ。**「戦う」「逃げる」**という行動です。

「戦う」は、同僚や上司を批判する、非難する、否定する、といった態度のことを言います。こうした行為によって、彼らは**「自分自身の存在証明」**をしています。つまり、相手を評価する立場に自分を置き、自分が一段上になったと錯覚を起こしてしまっているのです。いわば戦って相手を蹴落とすことで、自分の存在を証明しているわけです。

一方、「逃げる」とは、内向きになる、直接話さずメールでやり取りする、元気がなく

図19　承認がなくなると……

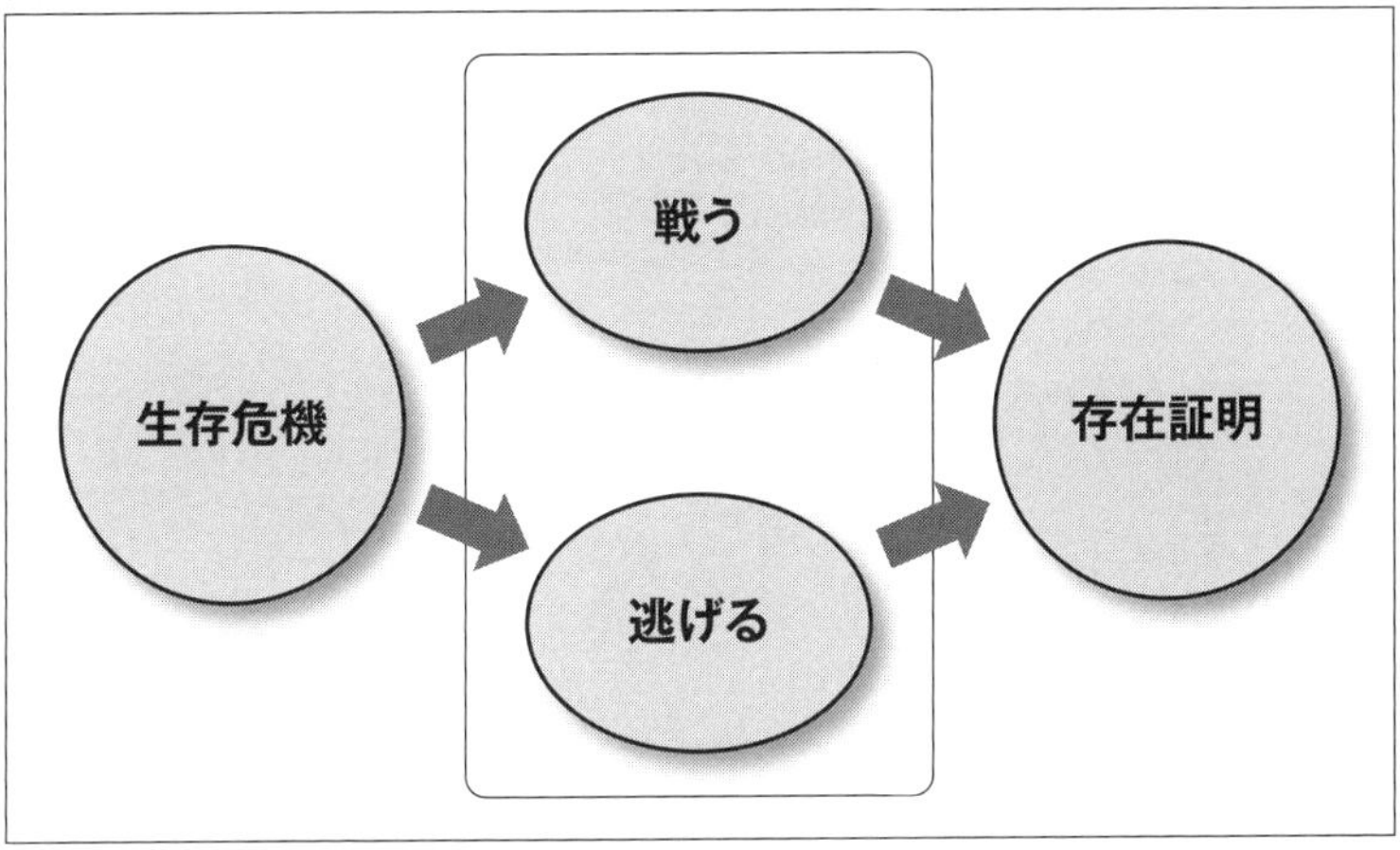

なる、ミスが多くなる、体調を崩して会社を休むことが増える、といった行為が目立ちます。

こんなとき、上司としては当然、部下を励ましたり、悩みを聞こうとしたりするでしょう。

しかし、それは、もう彼らの存在証明に乗ってしまっていることになります。つまり、彼らは自分を下げて、誰かに引き上げてもらって存在証明をする、という手法を取るのです。**この手法が通用するとわかれば、彼らはこの行動を繰り返し続けます。**事態は一向によくなりません。

一体、批判、愚痴、ミス、体調を崩す、といった行動で彼らは何を手に入れようとしているのでしょうか?

このような場合、人は、自分に対する承認を求めている可能性があります。念のため触れておくと、この構造は、ある特別な人だけが陥るわけではありません。これを読んでいるあなた自身、そう、誰でも陥る可能性がある原理なのです。

相手がこういう行動に出たときに私たちがよく陥るミスとは、批判や愚痴、ミスや遅刻といった存在証明の行動に目がいってしまい、それに対して評価を加えてしまうことです。例えば、批判に対して「ぎすぎすするなよ! 批判ばっかりして」とか、遅刻に対して「社会人なんだから、遅刻するなんてありえない」などと言って対処するのです。

しかし、これらの行動は、承認の低下による生存の危機から発しているものです。こうした部下のシグナルを見つけたら、その行動そのものよりも、まずはその行動の原因を考え、対処を講じていくことも大切です。

ベイビーステップで承認のチャンスを用意する

あえて失敗をさせて、そこから這い上がらせることで、部下を育成するという方法があります。ですが、部下の育成方法がそれだけに偏ってしまってはいけません。おそらく、自らの経験が影響しているのだと思いますが、ふと気がつくと、生き残った部下は、自分とそっくりのタイプの部下しかいなかった、ということが起きていたりします。

ベイビーステップとは、いきなり高い目標だけを提示して、それを目指させるのではなく、まずは**達成しやすい小さな目標（サブゴール）を用意し、だんだんと難易度を上げていって、高いゴールに手が届くようにしていく方法**です。

例えば、「お客様に最高品質のレポートを提出する」という目標だけでは、ベテランならばまだしも、新人社員にとっては、到底成し遂げられない目標です。まず、その目標を達成するために必要なアクションに分解する必要があります。

まずは、「レポート作成のために必要なデータや資料を集める」というアクションを起こし、実際に集めることができたら承認する。

次は、「それを指示された形式のグラフを作成する」というアクションに移り、作成できたら承認する。そして、「そのグラフを見て、所感をまとめる」というアクションへ移り、まとめることができたら承認する。

このように、ゴールを達成するのに必要なアクションを細かく分解していき、**承認するチャンスを小刻みに用意しておく**のです。

人は成功体験が少なかったり成長実感に乏しいとき、あるいは誰からも認めてもらえないときにやる気を失います。人をやる気にさせたければ、この反対を行くことです。小さなことでいいから、まずは成功させ、そして祝うこと（＝承認すること）。小さな成功体験をたくさんさせてあげて、自信をつけさせるのです。

子供のときのことを思い出してください。何かができるようになるたび、家族がほめたり喜んでくれたりしたことを。

大人になると、そういう機会は少なくなってしまいます。「やって当たり前」「できて当然」というわけです。でも、思い出してください。赤ちゃんには言わないはずです。「その寝返りは、まだまだだな！」とは。

まずは、比較的達成しやすいサブゴール、たとえて言えば赤ちゃんでも上れるような階段（ベイビーステップ）を用意する、それでこそ高い目標まで人は意欲的に歩を進めていくことができるのです。

承認が流通する理想的な職場

上司が部下を承認することは重要ですが、理想的なのは上司が承認しなくても同僚同士で承認し合っている状態、つまり**承認が流通している状態**です。

ある食品製造販売会社での話です。業績向上プロジェクトの導入対象となる営業所の業績は40営業所中35番目でした。私たちはそこに訪れ、所長、副所長らとミーティングを行い、何が課題になっているかを教えてもらいました。課題はいろいろあるのですが、まとめると、次のようなものでした。

・昼間の職場は雰囲気が暗い。特に事務の女性社員が暗い。
・営業スタッフは個人プレーが多く、スタッフ同士で情報が共有されていない。
・組織の一体感がなく、雰囲気も盛り上がりが足りない。

また、所内アンケートやインタビューでは、スタッフ同士の信頼関係が弱く、お互いに対する関心すら薄くなっていることが明らかになりました。とにもかくにも、職場での承認の量が少ないのです。このままでは、メンタル面でのトラブルから離職者すら出かねない状態でもありました。

私たちは、所長、副所長、営業スタッフらに質問しました。

「事務所の女性スタッフたちが暗いという話ですが、どうしてでしょうか？」

「昼間はみんな出払ってしまって誰もいないから、明るく振る舞っても意味がないんです。

営業スタッフが事務所に戻る頃には、彼女たち帰ってしまいますし」

「なるほど、物理的に入れ違いなんですね。毎日顔を合わせるのは無理ですか？」

「顔を合わせるのは週に1回くらいです。もちろん、毎日、電話では話をしていますよ。企画書や見積りを頼みますから」

「そういう関わりはあるんですね？　彼女たちは、役に立っているんですか？」

「はい。感謝はしていますよ」

「その感謝の気持ちを伝えたらいかがですか？」

「でも、そもそも顔を合わせることがないですから……」

「そうですね、でも、そこを何とか、その気持ちを伝えられませんか？」

「そうですね。でも、何があるかな……」

　こうした会話をきっかけにつくられたのが、「ありがとうカード」です。小さなカードに下線が数本引いてあり、一番上に相手の名前、下に自分の名前を書けるところが用意してあるだけのものです。そこに、ふだん思っていても伝えられない感謝の気持ちを書き留めて、すでに帰宅した女性社員の机の上にそのカードを並べるというものでした。

　毎朝、女性社員が出社すると、前日の晩に営業スタッフが置いたカードが数枚あるわけで、彼女たちには非常に嬉しいものだったようです。こうした承認ツールを、営業スタッフ自らが考えて実行していったのです。

3週間後に私が営業所を訪れたときには、女性社員の顔つきが明らかに変わっていました。ある女性は、一瞬違う人かと思うほどの笑顔で迎えてくれました。

「お元気でしたか？　笑顔がとてもいい感じですね。どうしたんですか？」

すると、彼女は、待ってましたとばかり、引き出しからファイルを取り出し、目をきらきらさせながら言いました。

「見てください！　こんなにカードをくれたんです。私、すっごくうれしくって」

彼女はこの3週間、営業スタッフからもらったカードをすべて、丁寧にファイリングをしていました。それほどまでに、彼女にとってはうれしい出来事だったのでしょう。

所長もその効果に驚いていました。つい先日までは、女性社員たちは「元気のない」状態でした。会社にかかってくる電話を彼女たちが取るわけで、覇気のない応対が会社の第一印象にもなりかねない、と所長は危惧していました。

でも、今では違います。取引先からも、また本部からも、「営業所が明るくなった。所長は何をしたんだ？」と聞かれるほどです。

もちろん、これだけではなく、所長、副所長はさまざまな取り組みを並行して実施してきました。たとえば、ほとんどオフィスにいない営業スタッフ間でナレッジ共有をするために、交換日記を始めました。

そのノートには、他のメンバーに知らせたい情報や新しいアイデアなどを自由に書くことができ、いつ、どのくらい書くかも自由です。ただひとつのルールは、何か書き込みがあったら、必ず所長か副所長が、赤ペンでコメントを翌日までに入れることでした。

初めは、所長は抵抗を示していました。

「長続きしませんよ。今まで何度も日報を出させたんですが、結局、出さなくなってしまうんです。やめておきましょう」

初めは数人がぽつりぽつりと書き込むぐらいでしたが、自分の書いたことに対してコメントがあるとうれしいものです。たちまち多くの営業スタッフが書き込むようになり、その交換日記はお互いのノウハウが共有、蓄積される場となったのです。スタートから2カ月で4冊目のノートになっていました。

また、それを促進させたのが、チーム制への変更でした。それまでは所長、副所長の下に直接、スタッフが付いている状態で、個々人バラバラでした。所内の壁一面に掲示された営業スタッフの個人別成績グラフが、その状態を加速させていたようです。

営業スタッフ同士が、お互いをライバル視し、殺伐とした雰囲気では、ナレッジの共有など、夢のまた夢です。そこで、「組織としての業績を上げるために、どのような掲示方式にしたらいいのか?」といったことを検討し、結果的には「壁にはチームごとの成績を掲示し、詳細は個別にフィードバックする」ということを徹底しました。この方法ならば、協力体制も築けつつ、個々人の指導もできます。

「承認の連鎖」をつくり出す

また、この営業所は**「ゴールのビンゴゲーム」**というものを自発的に行っていました。営業所全体の注力目標を9個にまとめ、それを3×3のマス目に一つひとつ書き込みます。目標を達成するたびにマス目を塗りつぶし、いわゆるビンゴゲームをやるというものです。ビンゴを目指して、チーム全員が目標達成に集中し、協力し合います。ビンゴを達成したときには「所長賞」という褒美を用意して、ゲーム感覚で楽しんでいました。こうした取り組みも、営業所の一体感を一気に高めるのに役立ちました。

プロジェクトのスタートから4カ月後、この営業所の業績は5位になりました。承認を所長からスタッフへ投げるのはもちろんのこと、**スタッフ同士で承認が流通し始めたとき、その組織のパフォーマンスは一気に駆け上っていった**のです。

あなたの職場では、承認は流通していますか?

ただし、承認は、職場の上司、部下の間だけでもまだ力不足です。「自走する組織」をつくるためには、営業所や事業所といった拠点内だけではなく、その拠点に影響を与える責任者や本部が組織的に承認をしていくことが必要なのです。担当者が望ましい行動をしたときには、その上司である課長が承認を与え、その承認をしている課長を部長が、その部長を本部長が、本部長を役員や経営陣が承認する、ということです。

これを**「承認の連鎖」**と言います。現場の行動や業績の向上にコミットメントをしている人たちが協力して一枚岩になることは、とても重要なことなのです。

表彰制度のリスクと注意点

多くの企業が、社員のモチベーションを高めるために、年間、半期、月間というように、ある期間における優秀社員を選定し、表彰する制度や仕組みを導入しています。

このようなイベント祭典は、変革を加速する上でも有効な手法です。実際に会社がどのような結果を望んでいるのか、どのような社員を望んでいるのか、社員がひと目で理解できるからです。

しかし、表彰制度は、ひとつ間違えると、ひとりの成功者と99人の敗北者をつくり出すことになる恐れがあります。「一握ぎりの勝者の行動を強化し、大多数の敗者に罰を与えるもの」となってしまうのです。

この落とし穴にはまらないためには、プロセスをよく見て「結果承認」をしなくてはなりません。

職場で「承認による行動強化」が十分に行われていない場合、社員はそれを獲得するために互いに奪い合うように競争を始めます。勝ち取るためには不正を犯すことさえ起きてきます。さらに、表彰の商品が高額になると、それらを加速させる危険性が出ます。

競争は自社内ではなく、同業他社との競争に向かうべきであり、「承認による行動強化」は、それを受ける価値のある人すべてに十分与えられるように留意しなくてはなりません。

そこで、表彰制度を設計する際には、次のポイントに留意しましょう。

□賞は、本当に最高の業績（もしくはその賞を与えるべき成果）を上げた社員に与えられているか？　持ち回り的な表彰になっていないか？

□受賞者は、望ましい行動により業績を上げたか？（不正は行われていないか？
何もしないで、たまたま業績が上がったのではないか？　どんな行動をすれば業績が上げられるかが明確になっているか？）
□受賞者には、受賞後、さらなる業績向上が見られたか？
□与えられた賞品や表彰形式は、受賞者が本当に望んでいたものか？

問いに対する答えが「いいえ」の場合、直ちに表彰制度をやめるか、修正を施す必要があります。

【ステップ5】飽き防止

「飽き」が生じないように工夫する

ある活動やプロジェクトを始めて、初めは盛り上がってうまく運びそうに思えたけれども、いつの間にか頓挫したり、自然消滅したりすることはよくあります。職場や業務内容によっても異なりますが、私の経験則から言うと、だいたいスタートから**1カ月半を過ぎたあたりが消滅していくか、継続し定着していくかの分かれ目**になるようです。

なぜ、地球の引力に引き戻されるがごとく、自然と元の状態に戻ってしまうことが頻繁に起こるのでしょうか？

最大の原因としてあげられるのが、「飽き」です。

人は誰しも同じことを続けていると、やる気を失っていきます。本人たちだけでなく、承認を打ち出す上司自体が忘れていたり、関心が薄れていたりすることもよくあります。

したがって、この「飽き」対策も重要なポイントになります。

承認は計画的に行う

1カ月半を経過したあたりで、行動の消滅と定着の分かれ目が訪れると言いましたが、それがわかっていれば、先手を打てます。プロジェクトが立ち上がった時点で、「5月の前半が山場だな」「このあたりで疲れてきそうだな」などと、だいたいのスケジュールが見えるでしょう。その時点で、**「承認スケジュール」**もつくってしまうのです。例えば最初の成果が出そうな時期に、それを祝う飲み会の日程と場所を押えたり、疲れてきそうな時期を狙って、本部から支援の言葉をもらえるようにしておいたり、と準備しておく。**タイミングを逃さずに承認できるので、望ましい行動を減らさずにすみます。**

なお、承認も同じ方法を続けていくと、やはり「飽き」がきます。「頑張っているじゃないか」という言葉を喜んでいた部下でも、毎回同じ言葉をかけ続けられると「またか」となります。別部署の上司からの声かけ、顧客からの感謝の言葉をあらためて伝えるなど別の角度からの承認を提供しましょう。

承認の種類はできるかぎり用意しておくこと、承認があらゆる方面（会社、上司、業務、同僚、顧客）から受けられる環境にしておくことが望ましいと言えます。これらに偏りがあったり、種類が限られていたりすると、「飽き」が訪れる時期が早まります。そもそも、脳は常に異質な刺激を求めているものなので、同じ刺激を与え続けていたら緩慢なモチベーションダウンが起きるのは当然なのです。

新しい職場、新しい人間関係、新しい趣味、新しい服、新しい仕事……。

新しいものと触れ合うと、緊張もありますが、脳は新しい環境に適応しようとフル回転し、生き生きとします。脳は、脳自体の成長につながる「異質の刺激」と触れ合うことは基本的に歓迎するのです。

したがって、だんだん慣れてくると、「飽き」が生じ始めます。すなわち、「同質の刺激」になってくると、脳が反応してくるのです。脳は常に成長につながる刺激を求めているため、それがなくなると、違う場所でそれを求めようとします。例えば、転職を考え始めるのも新しい刺激を求めるためと言えます。

もちろん、異質な刺激が一気に訪れると大変ですが、適度に新しいものと触れると、どうやら脳にとっては快適だということです。

メンバーへの承認がマンネリになっていないか、効果を発揮しているか、こまめに状態を観察しておきましょう。でないと、1週間前までは積極的に行動していたメンバーがだんだんとフェードアウトしていき、なし崩し的に活動が消えていくこともあります。

あらゆる方向からの承認を設計する

望ましい行動が継続する組織をつくるためには、絶え間なく動機付けされるような環境、仕組み、仕かけが必要です。そこで参考にしてほしいのが、次ページの**「モチベーションマップ」**です。これはひとりの社員が受ける動機付けを表したもので、会社、顧客、職場の人間関係、業務など、あらゆる方向から動機付けできることがわかります。

モチベーションマップを使って、組織に所属しているメンバーが、現時点でどんな環境にいるのかを測ってみましょう。あらゆる角度からまんべんなく、十分な量の動機付けがあれば完璧です。もし、偏っているときは、足りないところを補う必要があります。

例えば、会社からは十分な動機付けが提供されていたとします。社内旅行や研修といった人との交流や成長支援、報酬や昇進などです。ビジョンが提示されるのも動機付けになります。ただし、「会社からの動機付け」は、マップの図の下半分、頻度を表す縦軸

図20 モチベーションマップ

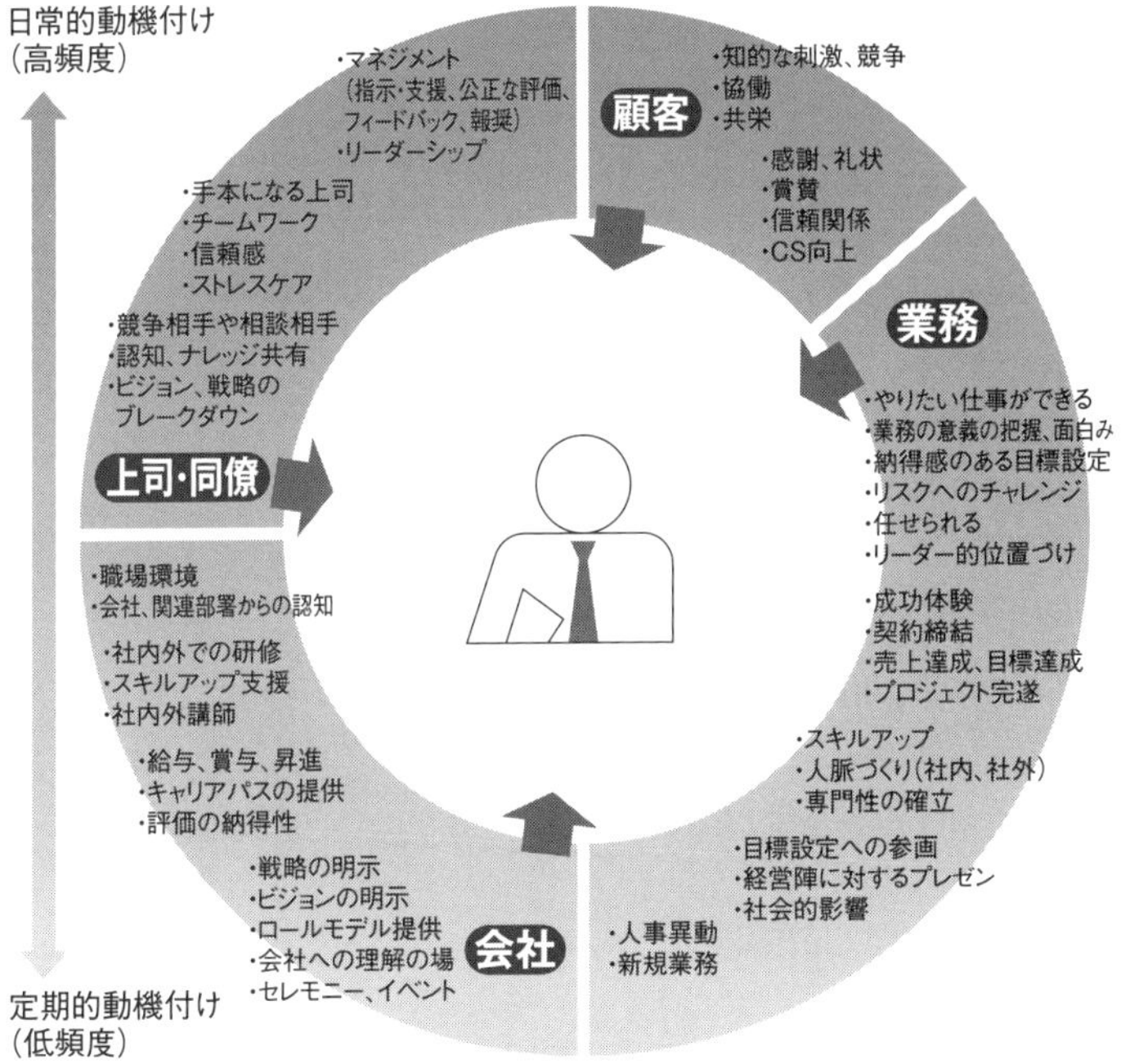

●社員を活性化させるための動機付けは、「会社」「上司・同僚」「業務」「顧客」などから得られる
●こうした動機付けは定期的（年に数回レベル）に得られるものと、日常的に日々の業務を通じて得られるものとに分けられる
●社員の行動変革を促すためには、即・確実に・数多くの動機付けが享受される必要がある
●そのため、会社から提供される施策のみならず、**特に日常的な業務を通じて得られる動機付け要因を強化する必要がある**

から見ると、下のほうにあることに留意してください。

会社からの動機付けに偏っていると、年に数回程度しか動機付けされない、ということになりかねません。それでは、人を動かすには力不足です。**少ない頻度を補うのに最もいい方法は、マップの図の上半分、「顧客からの動機付け」や、「上司や同僚からの動機付け」を強化することです。顧客から感謝の言葉などをオフィスの掲示板に貼り、スポットライトを当てるとか、日常会話の中で承認し、フィードバックする**ことで、頻度はいくらでも高められます。

また、ある社員が仕事にやりがいを感じていたとします。その理由が「お客様に喜んでいただけることが嬉しい」「この業務を通じて成長できる」だとします。これをモチベーションマップに当てはめると、図の右半分、つまり、「業務からの動機付け」「顧客からの動機付け」の2方向からモチベーションを強化されていることがわかります。

しかし、この2つだけなら、この会社でなくても得られます。したがって、いい条件を提示されれば、彼らは別の会社に移ってしまうかもしれません。

この場合は、左半分の動機付けを増やすのがポイントです。「会社からの動機付け」、そして、「上司・同僚からの動機付け」です。刺激し合える同僚がいる、モデルとなる上司がいる。厚い信頼関係があれば、いい人材を引きつけておくことは可能なのです。最も期待できるのは、この本をお読みの皆さんが部下に対して承認などの動機付けをしていくことでしょう。

「飽き」に対する抵抗力をつけていく

どれくらいの頻度で承認するかも、「飽き」を防止する上で重要なポイントになります。一般的に、変革活動を開始した直後は、行動や成果が得られるたびに毎回承認を行うのが望ましいでしょう。これを**「連続強化」**と呼びます。

しかし、この連続強化も長期化すると、弊害が起き始めます。使いすぎのために「飽き」が生じ、承認効果が薄れてしまうのです。時には承認がないと行動できないという、受け身や依存体質をつくってしまいかねません。

そこで、**活動中盤には、毎回承認するのではなく、部分的に承認をしていく**ように変えていきます。これを**「部分強化」**と呼びます。これにより、行動の定着期に向けて、「飽き」に対する抵抗力をつけていくことができます。

言いかえると、毎回承認を与えられなくても、高いパフォーマンスを維持できるようになるために、**「承認の間引き」**をしていくのです。

間引きには、**「承認を与える比率を減らしていく」**ものと、**「承認を与える間隔を長くしていく」というものがあります。**前者であれば、例えば新規の営業電話を1本につき1回ほめる、それを2本に1回へ、そして5本に1回へ……と比率を変えていく、後者であれば2時間に1回の休憩を3時間に1回にする、毎週月曜日に行っている定例ミーティングを隔週にする、などの間隔を変えるやり方があります。

また、**規則的に行っているものを不規則に変える**のも、「飽き」に対する抵抗力をつけます。例えば、「新規電話100本に対してのインセンティブを、契約件数に対してのインセンティブにする（定比率から変比率へ）」、「週に1回、決まった時間に訪問していた店舗視察を、変則的な時間に訪問する（定時隔から変時隔へ）」などです。

こうした抵抗力をつけさせる試みは、非常に慎重に行うことが望まれます。というのも、比率や間隔を急激に変化させると、メンバーの行動が著しく低下することがあるからです。**「段階的に、様子を見ながら」**が鉄則です。

第4章

人と組織の「慣性」をマネジメントする

「慣性」が変化を押しつぶす

「慣性」には3つある

人と組織には慣性があります。一度身についた思想・価値観・行動様式からはなかなか抜け出せないという性質です。変革活動に携わる人は、「慣性」の存在を決して忘れてはいけません。慣性はしばしば〝抵抗勢力〟となりますが、**慣性を敵とするのではなく、味方として活用してこそ、組織は活性化し、変革も定着します。**

細かく言うと、慣性には3つあります。すでに述べたことと重複するところもありますが、ここでまとめておきましょう。

①人の慣性

研修を受けた後、よく「目からウロコが落ちた」と言う方がいます。でも、何枚落ちたら気がすむのでしょうか？　一向に行動に移さない、変わらない、結局これまでと同じままというケースが非常に多いのは、ご存知の通りです。

このように人というものは、なかなか変化を取り込もうとしません。特に成功体験が大きい人ほど、今までの考え方や行動パターンを変えようとはしません。

これが「人の慣性」です。

②職場の慣性

部長が研修を受けて目からウロコが落ちたものの、職場に帰れば、そこにはいつものメンバーやいつもの部下がいつもの状態で待ち構えているわけです。研修で新しく学んだことを実行しようと燃えていた気持ちはどこへやら、次第に周囲に流され、結局、何も変えられません。

私が1対1でのコーチングで、部長をコーチした場合でも、電話で話している間はやる気満々。ところが、電話を切ったとたんに、「職場の慣性」に押し流されて、これまでのやり方に逆戻りしてしまうケースが多々あります。

③会社の慣性

仮に「人の慣性」「職場の慣性」に負けず、支店、営業所、店舗が活性化に向けて動き出したとしても、その組織に外から影響を与える人たちがいます。店舗を統括するエリア上司や販売部長、そして経営陣たちなど。これがもっとも手ごわい慣性でもあります。こうした影響を与える人たちが、たまに現場に訪れては現場と違うメッセージを出していたらまったく効果は望めません。常時接している「職場の慣性」と違って接する頻度は少ないものの、非常に大きな慣性です。

店舗の活性化に向けて店長や店舗メンバーがいかに頑張っていたとしても店長の上司である部長（もしくはエリア上司）や、そのまた上司の販売部長、そして、経営陣、それぞれがひとつの方向にメッセージを出していかないと、複雑な慣性で構成され、現場はただただ、どれに従ったらいいのか、混乱するだけなのです。

今まで、数々の変革活動、業績向上プロジェクト活動を手伝ってきましたが、「会社の慣性」を事前にマネジメントするようになってからは変革活動がうまく回り始める確率や安定性が格段に向上しました。

変革活動を成功に結び付けるには、「人の慣性」「職場の慣性」「会社の慣性」、この3つの視点でマネジメントしていく必要があります。

「組織の慣性」は人がつくる

「慣性」はどのようにつくられるのでしょうか？

基本的には、会社のトップ、職場のリーダーの「行動」でつくられます。部下は、「トップやリーダーが、自分に何を求めているのか」を常に観察をしています。大抵、上司は部下のことを1カ月たっても見極めることはできません。それは、人数が多いこともあるのですが、なにしろ部下がそう簡単には上司に腹のうちを見せることはないからです。一方、部下が上司を見極めるには、一日あれば十分でしょう。見る対象はひとりですし、ふだん、どんな「行動」を取っているかを見れば、その上司が考えていることが一目瞭然だからです。

したがって、**慣性は、会社トップ、職場のリーダーの興味・関心の方向に流れます。**

トップは、どのお客さまが好きなのか？

事業でいうと、どの事業が得意なのか？　また、売り上げに関心があるのか、利益に関心があるのか？

誰を次の幹部にしていこうとしているのか？

部下たちは、こうしたさまざまな点について、トップを始め、職場の長の興味・関心を観察をしています。トップやリーダー、上司であるあなたが、ふだん何気なく交わしている部下との会話の内容、そのときの言葉づかい、態度、自ら取る行動が慣性に影響を与えているのです。

「なぜ、うちの会社はこんな企業風土なんだ！」

そう憤慨している社長がいますが、それは、実はその社長がつくった慣性の結果である可能性が十分あるのです。

サバイバルプログラムのスイッチが入るとき

トップやリーダー、上司の「こうしてほしい」「こうしてくれて嬉しい」という意向がはっきりしていると、部下にとってはわかりやすく、動きやすいものです。会社が小さいときには、社長、経営幹部と接する機会が多いため、それほどブレが生じることはありません。ですから、社員たちは、トップの思いを拠りどころにし、自信を持って行動を取ることができます。

しかし、だんだんと会社が大きくなって、トップやリーダーとの接点が少なくなると、その思いが見えにくくなります。見えにくくなると、社員たちは拠りどころを失い始めます。何を求められていて、何が評価されるのか、がわからなくなると、薄氷を踏む思いで歩かざるを得なくなります。自信を持って動けません。

特に、急成長した会社に見られがちな現象なのですが、トップと現場の距離が急速に広がっているにもかかわらず、トップと現場とのコミュニケーション方法を成長させていないために、社員たちが方向感を失い、何をしたらいいのか混乱してしまうことがあります。

この拠りどころのない状態が、ずっと続くとどうなるでしょうか?

生き残るために、社員の間にいろいろな行動が現れます。

・自分の成果に結びつかないことはしなくなる
・人に協力しようとしなくなる
・派閥やグループが形成される
・インフォーマルネットワークで、噂話が横行する
・不平不満を言う
・気に入られようとゴマをする

・誰かの足を引っ張るような行動を取る

どれも、とても建設的とは言えない行為です。しかし、生き残るために、自然と組織に発生する行動なのです。**全体を生かそうとするのではなく、自分だけが生き残ろうとする。**このような動きを**「サバイバルプログラム」にスイッチが入った状態**と言います。

あなたの職場では、会社では起きていないでしょうか?

もし起きているとしたら、それは、現場の社員たちにトップやリーダーの思いが伝わっていないことによるシグナルかもしれません。

Column

二重生命的な存在

細胞には、それ自身の生命があります。同時に、その細胞が構成している組織体の生命があります。自分だけが生きようとしても、自分が属している組織体が死んでしまえば、自分も死んでしまいます。

ですから、自分が生き残るためには、自分が属する環境をも生き残らせようとするスタンスがなければいけないわけです。

『場と共創』などの著書がある、「場」の研究者、清水博先生が書かれているように、生命は自分自身の生命と同時に、それを取り巻く環境の生命をも生きる「二重生命的な存在」であるわけです。

この「二重生命」という考え方を全く意識できないのが、がん細胞です。自分だけが成長すればいいと思って、どんどん増殖していく。その結果、周りが弱まり、自分自身を取り巻く環境が死に、結局は自分自身も死んでしまう。会社の組織でも同じです。

「私は私、他人は他人」
「私は私の仕事だけしていればいい」
「私のやっていることは、誰にも迷惑をかけていない。私の勝手」

その先に、何があるのか……？
あまり、明るい未来ではなさそうです。

「人の慣性」をマネジメントする

過去を肯定し、未来を拓く

「人の慣性」に負けず、人や組織を変えていくには、つまり「人の慣性」をマネジメントするためには何が必要でしょうか?

つい私たちは、「慣性と戦う」とか「自分に打ち克つ」といった表現をしがちです。しかし、この瞬間、脳が脅威を感じ、逆らおうとしてしまいます。脳は「変化」を通常とは異なるもの、つまり「エラー」として認識しますから、なおさらです。

「変える」のではなく、**「新たなレパートリーを増やす」という考え方をしたほうがよいでしょう。**そのほうが**脳が素直に従い、成果に結びつきやすくなる**からです。

また、「変える」となると、過去を否定することにもなりかねません。そうすると、今までの成功体験まで否定することにもなります。

そんなことはしなくていいのです。今までの環境の中で、その方法やその手段を選んできたから、ここまで来られたわけですから。成功したわけですから。

もし環境の変化にともない、今までの方法が通用しなくなったのなら、少し脇に置いて、新たなレパートリーを増やしていけばいいのです。決して、今までの方法は捨てなくてもいいのです。それを必要とするシーンやシチュエーション、時代がまた来るかもしれません。そのときに、その得意技を使えばいいのです。

忘却曲線に負けないために①

研修や本で学んでも、残念ながら数時間のうちに多くが消え去り、1日もたつと3割程度しか残っていない、という忘却曲線が待ち構えています。そのためにも、「その日のうちに」「何度も復習する」、そして「復習するきっかけ、リマインドの仕かけをあらかじめつくっておく」ことが重要です。手順としては簡単です。

①まずは、大事なことを書き出す

②1枚のシートにそれを一覧表（リスト）としてまとめる
③毎日、それをチェックする時間を取る

例えば、本を読んでいるときに、皆さんも付箋を貼ったり、ドッグイヤー（犬の耳のように本の端を折る）をしたり、マーカーやペンで線を引いたりすることが多いでしょう。では、これらをどのように活用しているでしょうか？　残念ながら、付箋を貼った状態で、本棚に静かに格納したままではありませんか？

今日から試してみてください。まずは自分の手で、ポイントや気になったところを**書き出す**。次に、それを1枚で眺められるように**一覧表**にする。そして、いつも目に付くところにおいて**チェックする**時間を取る。

さらに、他にもこんな工夫はいかがでしょうか？

- □**目に付くところに、一覧表を貼っておく**
- □**一覧表を友人や同僚に配布し、内容を説明し、取り組む内容を宣言する**
- □**1カ月後に、自分宛に一覧表がメールで送られてきてリマインドできるように設定しておく（メールの送信日時を指定する機能を利用する）**

□今すぐスケジュール帳を開いて、1カ月後、3カ月後、半年後の予定に、取り組みを振り返る時間を1時間ほど入れておく

忘却曲線に負けないために②

これまで、「行動した結果をどう扱うのか」が、将来の行動に影響してくることを扱ってきました。やったことを振り返る。そして、よかった点、工夫した点、そしてそこから得た手ごたえ、ちょっとした行動の変化や成功を見逃さずに承認していくことは、人の慣性をマネジメントする上で最も重要なことです。

ひとりでやってもかまいませんが、友人や同僚と行うと効果的です。自分の言葉で語ることにより、整理することができ、自分の頭の中に「成功の肝」として格納されます。

そして、次のステップへのモチベーションにつながります。

質の高い「問い」を持とう――セルフクエスチョン

ふだん、私たちは心の中で自分に対して「問い」を投げかけています。これを**セルフクエスチョン**といいます。


「今日は何時にミーティングだっけ?」

「いつまでだっけ、あの仕事は?」

「このレポートでお客様は満足してくれるかな?」


人の行動は、こういったセルフクエスチョンをきっかけにつくられていきます。したがって、セルフクエスチョンが後ろ向きだったり、マンネリなものだったりすると、自己成長のスピードが鈍ります。**自己成長のスピードを高めるためには、質の高いセルフクエスチョンが必要なのです。**


ふだん、あなたは自分にどんなセルフクエスチョンを投げかけていますか?

振り返ってみてください。きっと、いろいろなものがあると思います。

自分の慣性に刺激を与え、成長し続けるためにも、セルフクエスチョンに戦略を持っておくとよいでしょう。

自分をバージョンアップするセルフクエスチョンにはどんなものがあるでしょうか？

□今日は何を完了させる？
□今日やることを、半分の時間でやるにはどうする？
□今日一日をどのように楽しむか？
□今日はだれに貢献する？
□今日は何時に絶対帰る？
□今日の仕事は、最高の仕事ぶりだったか？
□今日の自分の行動は、この職場のパフォーマンスに貢献できているか？
□3年後の自分はどうなっているか？

ふだんあなたが、つい取ってしまう行動を戒める**格言**でもいいでしょう。ふだんの生活で**つい見失いがちな視点をリストアップ**して紙に書き、いつも見えるところに置くのもお勧めです。

リストを手帳に挟んで、毎朝5分眺めて1日のイメージをわかせ、毎晩5分眺めて1日の点数をつけている方がいました。1日10分間ですが、毎日実施すれば1年で60時間、この戦略と振り返りに投資しているのですから、大きな違いが生まれるのは当然のことだと言えます。

世界一の仕事をしているか？

あなたが自分によくするセルフクエスチョンの中には、今まで出会った人たちから投げかけられた「問い」があると思います。両親、先生、師匠、上司、先輩、同僚などから投げかけられてはっとしたり、どきっとしたりした「問い」を今でも折々に思い出すという経験は誰しもあるものです。

こうした「問い」は、あなたにとって宝物です。**なぜ、その「問い」に刺激を受けたのか**を整理してみると、自分が陥りがちな傾向が見えてくるはずです。

私自身もこんな体験がありました。

かつてコンサルタントのアシスタントをしていた頃、私は四六時中、仕事をしていました。あるとき、徹夜作業が続いて寮に帰ることもできず、生気の抜けたボーッとしている顔つきの私に、上司のHさんがこう投げかけてきたのです。

「中島、今やっている仕事は、将来のお前にとって、何の役に立っていると思う？」

私は思わず言葉に詰まりました。

「はあ……。えっと、それは……」

正直、目の前の作業に追われる毎日の中、将来のことを考える余裕などありませんでした。それよりも「雑務ばかりさせられて、コンサルタントらしい仕事なんて、ひとつもさせてくれない。なぜなんだ……」という思いで一杯でした。

私は当時、Hさんの秘書的な仕事をしていました。講演の資料づくり、データ収集、企業分析、出張用にホテル・交通チケットの手配、アポイントの調整、お客様事務局とのやりとり、飲み会の手配……などなど。そんな私に、次の質問です。

「お前の今やっているその仕事は、今このとき、世界で何人が同じことをしていると思う？」

「え？　このコピー取りですか？　……いや、想像つきませんが、５万人くらいはやっていると思います……。いや、もっと多いかも……しれません」

「じゃあ、その５万人の中で一番の仕事をしているか？　中島は、世界で一番のコピー取りをしているのかい？」

……絶句してしまいました。そういう視点でものを見ていなかったからです。

きちんとやっているとは思いましたが、「世界で一番か?」と言われたときに自信をもって、ハイと答えられなかった自分。

それからです。「今取りかかっている仕事は、最高か? 世界で一番か?」、そう自分に問いかけるようになったのは。

私はありとあらゆる仕事に、このクエスチョンを投げかけます。世界一となると、奥が深い。際限がありません。でも、この「問い」に応えようとしているときの自分が、一番成長している瞬間かもしれないと思います。

もちろん、やりすぎると、ストレスになることがあります。ですから、私は自分の状態に「喝!」を入れたいときに言うようにしています。すると、自然に「スイッチオン!」になる自分がいるのです。

あなたをスイッチオンさせる「セルフクエスチョン」は何でしょう?

Column

「ついつい」が出たら、このセルフクエスチョンを

誰にでも、「もっと自分を進歩させたい」「変わりたい」という気持ちはあります。「やらなくちゃ」と思っているのです。でも、なかなか、手がつけられなかったりするわけです。また、手をつけたとしても、長続きしなかったりします。

たとえば、ある会社の管理職がこう言いました。

「いやぁ、部下に任せたほうがいいのは、わかっていますよ。でもね、中島さん。やっぱ、自分でやったほうが早いときもあるわけですよ。だから、ついつい、自分でやっちゃうときってあるんですよね」

「相手の話を聞いたほうがいい、というのはわかっているんです。でもね、ついつい、自分の意見をばーっと話してしまうときがあるんです。」

出ました！「ついつい」というフレーズが。

あたかも、「自分のせいではないんです。こればっかりは仕方がないんです！」とでも言いたいかのようです。

こんな言葉は、結局は言い訳でしかありません。口にするのは、今すぐやめましょう！！　そんな「ついつい」が自分の口から出てきたら、自分自身に、この

「質問」をプレゼントしてください。

「ついつい、やっちゃったね。そのことで、私が手にしたことは何だろう?」

「ついつい、やっちゃったね。そのことで、私が失ったことは何だろう?」

「ついつい」という言葉で逃げて終わりにしていたら、一生、変わることなんかできません。

「職場の慣性」をマネジメントする

「職場の慣性」を味方につける方法

「職場の慣性」の力は強大です。それに気づいたのは、プロジェクトを実施した際の多くの失敗からです。コーチングが日本に広がり始めた当初、コーチングといえば、1対1でのセッションでした。もちろん、それで成功した例もありましたが、一方でなかなか成果に結びつかないことも多かったのです。

理由はいくつかありますが、そのひとつが「クライアントの言葉のみが頼り」ということでした。職場で何が起きているのか知りたいと思っても、クライアントから聞くしかないので、その人の解釈が入った情報しか手にできません。そして、それは事実と異なることも多いのです。

2つ目は、「クライアントの実行力のみが頼り」ということでした。電話でのセッションでは、「次回までにこれをやります！」と宣言していても、職場のメンバーを目の前に、結局行動に移せなかった、ということは珍しくありません。

そういう背景から、その後、1対1というよりも、**クライアントの協力者（ステークホルダー）も巻き込んでコーチするスタイル**にしていったのです。

協力者にもインタビューさせてもらって多角的に情報を収集し、また協力者にクライアントの行動をサポートしてもらうようにリクエストしていくのです。まさにチーム全体をコーチしていくスタイルです。

これを、もっと対象を広げた形が**「職場コーチ」**です。自動車販売店舗で言うと、店長だけをコーチするのではなく、店長と販売課長と工場長などの店舗幹部チームはもちろんのこと、販売スタッフやメンテナンススタッフたちもコーチするのです。すなわち、「職場丸ごとコーチング」というスタイルです。

この職場を巻き込んだ変革は、非常に効果的です。**「職場の慣性」を一気に刺激し、職場全体に「新たな慣性」を構築してしまう方法**だと言っても過言ではありません。

全員がやり始めれば、つまり新たな慣性さえ構築されれば、実は、**元の状態に自分ひとりだけ戻ること自体が難しくなる**のです。

こうなれば自動的に変革が進んでいきます。「職場の慣性」が味方に変わるわけです。

ある損害保険会社の支店では、約30人全員にコミュニケーション研修をし、毎日私たちコーチ・エィから**リマインドメール**（研修で得た気づきを再度思い出し、行動を起こせるような勇気づけのメール）を送り、3人組みになってのピア**コーチング**（「どんな取り組みをしたのか？」「今後、どんな取り組みをしていくのか？」を同僚同士でお互いをコーチングし合う）、**メーリングリストを活用した発表の場**などで、いきいきわくわく職場をつくり上げることに成功しています。この事例も、「職場の慣性」を味方につけるヒントがたくさん詰まっています。

職場に共通言語をつくる

「職場丸ごとコーチング」の一番のメリットは、**職場に共通の言語と体験をつくれる**ことです。同じことを学ぶので一体感が得られやすいですし、ふだん職場では相手に指摘しにくいことも、研修の場でなら一緒に学んだことを元にして比較的指摘しやすい、という意見も多く見られます。

何より、同じ知識をみんなが持っていれば、同時に変革に取り組めますから、落伍者が出にくいのです。「職場丸ごとコーチング」は、新しい「職場の慣性」そのものを創造していく醍醐味があります。

反対に、階層別研修のように職場のトップだけが受講する場合、職場に戻ったら、その知識を持っているのは自分だけ。自分ひとりの力で、職場の変革に取り組むのは難しいものです。頓挫することがほとんどです。もちろん、成功する人はいます。しかし、私の経験では、取り組むのが約2割。継続して実施でき、かつ成果まで結びつける方は、さらにその2割くらいでしょう。これでは受講者の4％ほどしか成果を手にしないことになってしまいます。

チーム・組織を変える「問い」——コモンクエスチョン

セルフクエスチョンが自分で自分に投げかける「問い」であるのに対し、**組織やチームで共有する「問い」をコモンクエスチョンと言います。**

質の高いコモンクエスチョンは、組織やチームの慣性に刺激を与え、その成長を促します。

自動車ディーラーの販売店には大きく2つの部門があります。新車販売チームとサービスメンテナンスチームです。このチームの仲がよいと店舗全体の業績がいいのですが、あいにくケンカしやすいのです。

「営業が○○だから、うまくいかないんだ！」

「サービスが△△だからだろ！」

何かというと、店舗内でケンカが始まります。そんなとき、業績がいい店舗の店長は、こんなコモンクエスチョンを発します。

「おいおい、そもそもさぁ、俺たちのライバルは誰だっけ？」

この「問い」を投げかけると、みんな、一気に目が覚めます。敵はお互いではなく、目の前の道路の向こう側にあるライバル店だ、ということに。店内でケンカしていても何の意味もない、ということに。

このように、コモンクエスチョンは視点を変えます。そして、チームを救います。

効果的なコモンクエスチョンをあげてみましょう。

□そもそも、おれたちって何を目指していたんだっけ？

□本当のおれたちの敵って誰だっけ？

□われわれのお客様って誰？　どこにいる？　そして、何を求めている？
□お客様をびっくりさせちゃうサービスって、何かな？
□地域で一番の店舗にするために、これからやりたいことって何？
□最高の仕事って、何かな？

質の高いコモンクエスチョンは、人の頭の中に残ります。頭から離れなくなります。そして、「自走する人」たちをつくります。自走する組織、成長し続ける組織をつくります。

あなたの組織やチーム、職場を成長させるコモンクエスチョンは何でしょうか？　考えてみてください。

「問い」の方向に人は流れる

「指示をしないと、うちの部下たちは動かないんです」
「うちの管理職は、トップの顔色ばかり見ている〝ヒラメ社員〟ばかりです」

「口を開けば、関連部署の悪口ばかり。協力し合えばいいのに……」

さまざまな企業の担当者から、こうした悩みを聞きます。そして、最後にこう言います。

「うちの企業文化をなんとか変えたいんです」

昨今、こうした職場文化、企業文化のマネジメントをテーマにした依頼が非常に多くなってきています。これに対する私たちのソリューションのひとつは、その組織内で交わされている「問い」に注目し、それをマネジメントすることです。

仮に、上司が部下に四六時中こんな質問をしていたとします。

「おい、これについては、関連部署に根回ししておいたんだろうな?」

「おい、これって、ちゃんと確認して、間違いないんだろうな?」

こんな質問ばかりされていると、部下はどうなるでしょうか?

「根回しをし、正確に物事を進める」という行動が増えていきます。もちろん、このこと自体は問題ではありません。しかし、この行動にだけかたよってくると、チャレンジやスピードという点で問題となってくるわけです。

部下の行動は、上司がよく使う「問い」の方向に流れていきます。

リスク回避に関する質問ばかりすれば、失敗を恐れる社員をつくります。

過去の質問ばかりすれば、過去に生きる社員をつくります。

否定の質問ばかりしていれば、自信をなくした社員をつくります。

その引き起こされた一つひとつの行動の積み重ねが、その職場の風土、その企業の文化と言っても過言ではありません。つまり、あなたがふだん部下にしている「問い」が、今の職場の風土をつくっているひとつの要因でもあるのです。

すると、先ほどの課題も違った視点で見えてきます。

指示をしないと動かない部下にしている「問い」とは?

ヒラメ社員にしている「問い」とは?

関連部署の悪口ばかり言う社員にしている「問い」とは?


一方、こんな問いを共有している組織が実際にあります。


「そもそも、私たちのお客様は誰？　どこにいる？」

「お客様の期待を大幅に上回るサービスって何だろう？」

「それって、儲かるの？」

「そもそも、俺たちの敵って誰だっけ？」

「世界最高の仕事をするために、今日は何をする？」

こうした「問い」を共有している組織は「オープンな組織」です。その「問い」に対して、必死で社員が自分なりに答えを考えるから創造力が鍛えられます。そして、アイデアがどんどん出てくる。常に言われなくても改善が加わる。いわゆる「自走する組織」です。可能性は無限大です。

一方で、問いの「答え」を共有しようとする組織は「クローズな組織」です。

もちろん成長段階のときは、ある程度は「答え」が必要でしょう。マニュアルなどを使って、一定レベルの品質をまず確保しなくてはならないステージもあります。

しかし、それを続けていくと「答え」を与えないと動けない組織になってしまいます。指示待ち人間、前例のないことには手を出さない社員、トップの顔色ばかりうかがっている社員などが増えていきます。

また、共有された「答え」は、すぐに陳腐化します。そして、答えをつくる「リーダーの器」以上に組織が成長しないのが弱点です。結果的に、時代の変化に追い付いていけない組織となるでしょう。

「問い」と「答え」。あなたの組織は、どちらを多く共有していますか？

主体的な行動が求められている理由

かつて大量生産、大量消費、右肩上がりの時代は、上から下へ指示命令で動けば、ビジネスは進んでいきました。本部が決め、それを下部組織に展開していく「ピラミッド型の組織」が機能していたのです。

もともと、ピラミッド組織の起源は「軍隊」と「宗教」と言われています。この組織形態をモデルに企業が取り込んで発展してきたという歴史的な流れがあるのです。ピラミッド組織の中では、長い間、指示命令が機能してきましたが、それには条件がありました。

軍隊と宗教の共通点は、「答え」がひとつという点です。軍隊は「国家の安全」、宗教も信じるものはひとつです。

価値観がそれほど多様化していない時代には、この形態は企業にマッチしていました。つまり、今まではある望ましい「答え」をつくり、それを共有すればうまくいっていたわけです。

私たちのクライアントには、外食レストランやスーパーなどの多店舗チェーン展開をしていく業態があります。この業態では、サービス品質を確保しながら、短期間で展開させていくためにマニュアルが必須です。しかし、限界がきます。ある県を中心に展開していた企業も、隣の県に、そして全国へと展開していく。すると地域の商慣習が違うため、本部で考えたことがはずれ、失敗することがあるのです。

現在のように価値観が多様化し、流通が発達してビジネスエリアが拡大している時代には、現場で考え行動できる社員、主体的に動ける社員が求められているのです。

「会社の慣性」をマネジメントする

トップのコミットメントの有無が成果に直結する

「職場の慣性」を後押しするためには、職場のトップのコミットメントが必要です。その真剣さ、腹のくくり方が甘いと、失敗に終わるでしょう。

例えば、「部門の慣性」を後押しするのは部門マネジャー、「店舗の慣性」を後押しするのは店長、そして店長を本部長が後押しし、最後には経営陣が後押しをする……といった形で、組織として連携していくことが重要です。これが現場の活性化、現場の業績向上に対してコミットするべき人たちが一枚岩になっていく、ということで、**「コミットチェーンの確立」**と呼んでいます。

トップのコミットメントがある、なしを示すのは、言葉というよりも動きでしょうか。「自分は研修を受けないけれど、店長連中には受けさせてくれ」というトップのコミットはたかが知れています。まずは、自らがエグゼクティブコーチングを受ける、コーチング研修を受けるといった先陣を切る勢いがほしいところです。

トップの影響力は絶大です。少しの変化でも、大きな力となって波及していきます。「梃子の原理」でもありますが、トップはちょっと力を入れただけで、大きな力を発揮することができる人でもあります。私たちは、このことを**「マネジメントの梃子」**と呼んでいます。この「マネジメントの梃子」をうまく活用して、「会社の慣性」を修正したり、パワーアップさせたりしていけるわけです。

行動をシミュレーションする

会社がどのようなポリシーでインセンティブを出すのか、祭典やイベントなどで、どのような人や成果を承認するのかは、「会社の慣性」の方向性を決める瞬間でもあります。また、人事制度、システムなども社員の行動の流れを大きく影響するわけですから、用意周到なシミュレーションが必要です。

前述したナレッジマネジメントシステム構築の話であったように、「これを構築し、運用し始めると、どんな行動を引き起こすか」ということを事前にシミュレーションしておいたほうがよいでしょう。

川から水を引くときに溝にそって水が流れてくるように、会社の仕組み、制度、システムは、運用が始まった瞬間からそれにそって人の行動が流れていきます。きちんと設計していないと、氾濫してしまいかねません。

あなたの会社はどんな「問い」を共有しているか？

また、「会社の慣性」を刺激するのにも、コモンクエスチョンは有効です。

あるメガネメーカーの社長は、いつでも歩き回りながらコーチングしているような人です。もともとはメガネフレームをつくる職人さんで、「教わること、人を育てること」が何より大事という考えを持ち、毎日ニコニコと工場内を歩き回りながら声をかけます。

若い社員さんたちに必ず聞くこと。それは、

「昨日より上手になったことはなんや？」

「今日教わったことはなんや？」

そして、若い社員が何か答えると必ず、「そうか、それはよかったなぁ」と答えるのが口癖です。

中堅の職人や後輩にものを教える立場の人には、「おまえの腕は２本やけど、ひとりに教えたら４本や。２人に教えたら６本や。10人に教えたら22本や。おまえの腕は今何本になった？　腕上げるのも大事やけど、腕増やすのも大事やぞ」が口癖です。

職人たちだけでなく、営業の若手にも、とにかく「昨日より上手になったことは？」という質問を繰り返し、社員間で学ぶ、教わる、教えることを徹底してきたそうです。

メガネ職人としてスタートし、創業以来、厳しい経営環境の中、着実に増収増益を続けている背景には、常にこうした「問い」を組織で共有してきたことにあったと言えます。

リクルート社は、人材輩出会社として有名です。多くの若手経営者を生み出している起業家育成企業と言っても過言ではありません。リクルート社では、どんな「問い」が共有されているのでしょうか？

以前、ある講演こんな話を聞いたことがあります。社内のミーティングはかなり活性化していて、アイデアがいくつも出てくる。しかし、頃合いを見計らって、どこからともなくこんな決まった台詞が投げかけられ、それを機に議論がまとめや本質に入っていく。投げかけるのは上司に限らず、メンバーの場合もあるそうです。

一体、どういう言葉かというと、
「それって儲かるの？」
というひと言。

儲かる仕組みをつくることに長けている企業らしいコモンクエスチョンだと感じました。

あなたの職場では、会社では、どんな「問い」が共有されているでしょうか？　考えてみましょう。職場のリーダーの口癖をリストアップし、社長、副社長、本部長、部長、課長……、それぞれの組織の長が使う言葉を振り返ってみましょう。その「問い」が職場の風土、会社の風土に影響していることに気づくと思います。

「問い」が組織の風土をつくる

会社をあげてみんなが同じ「問い」を共有し、お互いに投げかけ合いはじめたら、どうなるでしょう？

まず、その方向に意識が向き始めます。行動が流れ始めます。小さな水滴が谷を伝わって川になり、それがまた集まって大きな川となる。それと同じように、社内で大きな力を持ち始める。そう、力強い組織風土が構築され始めるのです。

私がある創業して間もない企業を担当したときのことです。この企業は業界に風穴を開けようという新たなコンセプトで設立され、業界以外から精鋭を集めて出発しました。もちろん社員は中途入社組ばかりで、それぞれ前職の企業で身につけた価値観や習慣などを持ち込んでいました。したがって、この会社としての企業文化はまだまだ構築されていない状態でした。

私が依頼された内容は、コミュニケーション改革。いうなれば、「一人ひとりの価値観の共有と、企業風土の創造」です。参加者は次世代幹部たちです。

まず彼らと語り合ったのは、現在の企業風土についてでした。みんなうすうすは気づいていたのですが、改めて、お互い同じ船に乗って入るのに全く違う方向を見ていたことを認識しました。

彼らに私が投げかけたのは、次の４つの質問です。

①今すぐに消し去りたい風土は?
②30年後も残しておきたい風土は?
③30年後までに、新たに創出したい風土とは?
④それを実現するために、常に部下たちに投げかけたいコモンクエスチョンとは?

あなたも考えてみてはいかがでしょうか?
あなたがつくりたい組織風土の実現は、あなたの「問い」にかかっています。

上から変われ――「会社の慣性」を変える

コモンクエスチョンを変えれば、自ずと企業風土は大きく変わっていきます。コモンクエスチョンを変えるには、「上から変わる」のがポイントです。でないと、なかなかスムーズに進まないどころか、頓挫するのは目に見えています。

ある量販店では、この業界特有の指示命令型のマネジメントが長く続いていました。私たちは、「なんとか、この企業風土を変えたい」という依頼を受けて、2006年度より店長数十名、店長を束ねるエリアマネジャー(AM)達にコーチング研修を実施しました。ところがある店長研修のとき、休み時間にひとりの店長が私のところに来て、

「うちの上司(AM)は、去年、コーチング研修を受けているんですよね? 本当ですか? ぜんぜん、変わっていませんよ……」

と言うのです。1対1でのコミュニケーションでは少し改善が見られるものの、部下が2

人以上集まってしまう場では、相変わらず指示命令が見られるということでした。

これは何か手を打たなくてはなりません。まず大きな取り組みとして、社長、販売部長、ＡＭに専任コーチをつけることにしました。

店舗がどんな風土を持つか、その責任は店長にありますが、その店長の行動に責任を持つのはＡＭです。そして、ＡＭの行動に影響を与えるのは販売部長、会社全体の風土に責任を持つのは社長です。その一人ひとりにコーチをつけたのです。

今回の活動における社長や販売部長のビジョンを明確にするコーチングを行い、そのことについて、社長と販売部長が話す機会をつくりました。そこでビジョンの共有化を図った上で、共通の「問い」、つまりコモンクエスチョンを社内に伝播させていきました。コミットチェーンの上位の人たちがこうした連携を取ることは、風土改革の力強い後押しとなります。

社長や販売部長が店舗回りをすれば、どうしても「できていないこと」に目がいってしまいます。

「なんで、プライスカードがずれているんだ？」

「なんで商品が出てないんだ？」

「なんで、こんなところにカートがあるんだ？」

この量販店でも、これまでは気づいたことを次々と注意していました。しかし、コーチがセッションのなかで「問い」の仕方について扱うことによって、店舗回りのときや会議で使う「問い」が変わっていきました。

店長十数人を束ねるAMのシャドーコーチも実施しました。AMが店舗に訪れ、売り場改善をテーマに店長や売り場マネジャーに対して指導したり、コーチングしたりする場面や、店長らを集めての週に一回のエリア会議などに専任コーチがオブザーブに入りシャドーコーチをする、というものです。

AMと同行し、AMが店長に発した会話や言葉とその印象をメモしておきます。そして、後でそのメモを見ながら、「このときには、こんな言い回しをしていましたね」と事実を伝え、「これは、どういう背景で投げかけた質問なのですか?」と、その会話の「意図」を聞くようするのです。すると、AMは、自分が無意識にしている会話のパターンに気づくとともに、会話を意図的に繰り出す姿勢が出てきます。

店長が部下にきつめの言葉を発しているときに「語尾があらかったですね」とフィードバックをすると、はじめは「これでもがまんしているほうなんですよ」と言い訳が多かったのが、だんだんと「そうなんです」と受け入れ、2カ月もすると、「意図してやっています。なぜなら……」と冷静に分析して理由をつけられるようになってきました。会話全体で「なぜ、そうするのか？」「何のために言うのか？」といった「意図」を意識しはじめているため、不用意な発言や感情的な場面が少なくなりました。

また面白いことに、コーチから常に「その意図は？」と投げかけられているため、AM自身も店長に「その意図は？」と投げかけるようになり、店長やパートさんまでが自分の行動や発言の意図を考えるようになりました。

不採算店対策会議という会議があります。従来は、競合店の出現や、そことの価格差などを理由にあげて、いかに対応できていなかったか、「すべて、私が悪うございました」と店長が懺悔する場だったそうです。

しかし、今では店に社長、副社長、販売部長、商品部長が出向いていって、現場のマネジャーの声をとにかく聞く場にしているそうです。「なんで数字が上がらないんだ」ではなく、「どうしたら上がるんだろう？」「数字を上げるために何をしたい？」という「問い」を店長に投げかけて、話を聞くのです。

これまでなら「商品陳列が開店時間に間に合わないのは、どうしてなんだろう？」と質問されたときに、「人が足りないから出せないんです」とは言えませんでした。「それを何とかするのが、店長の仕事だろう！」と叱責されるのが目に見えていたからです。それが今では、社長がAMに「それで解決するんだったら、人を増やしてやれ」と言うほどまでに変わったそうです。

特産品フェアというイベントがあります。これまではすべて本部主導でした。本部で企画が決められ、「商品部が決めた企画を売るのがお店」という絶対的な流れがあったのです。しかし、それを変えて、店長が企画案を出し、地元のメーカーや生産者と交渉して地元の特産品を集め、商品部にフィードバックして企画化してみることにしました。店長はパートにどんな商品が売れそうか、主婦の視点で見るとどうかなどを聞いて回りました。その結果、これまで想定しなかった素晴らしいアイデアが現場から集まり、フェアに生かされたのです。販売現場のモチベーションも飛躍的に高まりました。その結果、従来の企画の数十%アップの成果をコンスタントにあげることができるようになったのです。

「会社の慣性」は「場」に現れる

エリア会議とは、店長十数名とその管轄AMらが集まり、会議をするものです。これまでのエリア会議では、AMからの一方的な話にほとんどの時間がさかれていました。

それがコーチングを開始してから、AMが参加している店長に質問を投げかけたり、成功事例を発表してもらい質疑応答したりするという「参加型」の会議に変わってきました。経費削減をテーマの場合、進捗が遅れている店の店長に対して、これまでであれば「なんでできないんだ?」と投げかけられていたのが、最近では「何が障害になっているんだ?」に変わってきています。これによって店長がその原因を落ち着いて発表できるようになり、より率直に建設的な対策が話し合われるようになりました。

この会議の場面でも、コーチがオブザーブし、議事進行のAMの発言ややり取りを忠実にメモに残すようにしました。はじめは全時間の9割9分はAMが話し、一方的な情報共有の場でしかありませんでした。

そこでコーチはAMと「会議の意味」、「会議をどうしたいのか?」を議論し、ゴールイメージやメリットを共有しました。そして効果的なファシリテーションの方法、スキルを伝えて、実際の会議で試してもらいます。そこに、またシャドーコーチとして同席しました。

すると、AMは店長に発言を促すようになり、店長も意見を出すようになりました。毎回、改善されていき、1年たった今では、AMが仕切るのではなく、店長が順番に司会進行役を担い、AMはここぞというときにアドバイスや意思決定をするだけで、あとはごく自然に活気ある会議の場になってきているそうです。

第5章

自走する
組織・チームのつくり方

自走する組織・チームのつくり方

変革活動を進めるには、楽しいことが大前提

脳は非常に敏感で、苦痛を伴うことには近寄りません。したがって、変革活動やプロジェクトを進める際も、あまり堅苦しく難しく考えずに、ゲームを楽しむようなノリで取り組める内容にしていくことがポイントです。

活動のネーミング決めも重要です。真面目な堅い印象のものよりも、「軽」「明」「笑」で動き始められるようなネーミングが理想的です。

この章では、自走する組織、チーム、プロジェクトづくりのポイントを紹介します。

ポイント① ルールは参加者が決める

ある電子部品メーカーの資材部門の事例です。この部署は過去のリストラによって、ベテラン数人と多勢の若手社員といういびつな年齢構成となっていました。若手社員は仕事のノウハウがないため、毎日のように残業しても成果が上がりません。しかも若手社員がバラバラに質問に来るため、その対応に追われてベテラン社員まで思うように仕事ができなくなっていました。

そこで、解決策として勉強会を開くことを決めました。これならば、効率的にナレッジを伝えることができます。勉強会を開くにあたり、コーチとして介入した私は、まず若手社員に「ベテラン社員から、教えてほしいこと」をリストアップしてもらいました。「見積もりを取るときのポイントは？」「コストダウンに効果的な会話の仕方はあるのか？」など、さまざまな項目が出てきました。

一方、ベテラン社員には「若手社員に、最低限知っていてほしいこと」をリストアップしてもらいました。

この2つを合わせ、伝えるべきナレッジのリストができあがったところで、私はこう問いかけました。

「リストが全部クリアできたら、生産性が上がるはずですよね。ちなみに、各項目について、皆さんはどのくらいのレベルなんですか？」

ある若手社員は「僕は4番目と8番目がわからないです。すぐにでも教えてほしいです」と言いました。この発言がきっかけとなり、

「おれも4番と……、あと12番が知りたいな」

「これって、ひと目でわかるように色分けしない?」

「それなら、シールで貼るようにしようよ!」

「やり方を知らない状態は危険信号ということで赤、それがだんだんと黄色、青色と信号みたいに変化させるのはどう?」

と、みんなのアイデアが堰を切ったようにあふれ出し、一気に運用イメージまでに具体化していったのです。

そして、この活動は、ごく自然に話の流れから「教えてシグナルシート」と名づけられました。

まず大きな紙に表を書き、その横欄に若手社員の名前、縦欄にリストの項目を書き込みます。そして自分の名前と項目がクロスする枠に、各自「教えて度合い」をつけるのです。「すぐに教えてほしい」という場合は赤いシール、「前に教えてもらって、何となくわかる」という場合は黄色いシール、「自分ひとりでできる」という場合は青いシールを貼るというルールです。すべての枠が青シールに貼りかえられたらゴール達成です。

図21　教えてシグナルシート

ミーティング時に項目別にお互いに確認し合い、シールを付ける
随時、「赤→黄→青」と貼り重ねていく

○青シール　◎黄シール　●赤シール

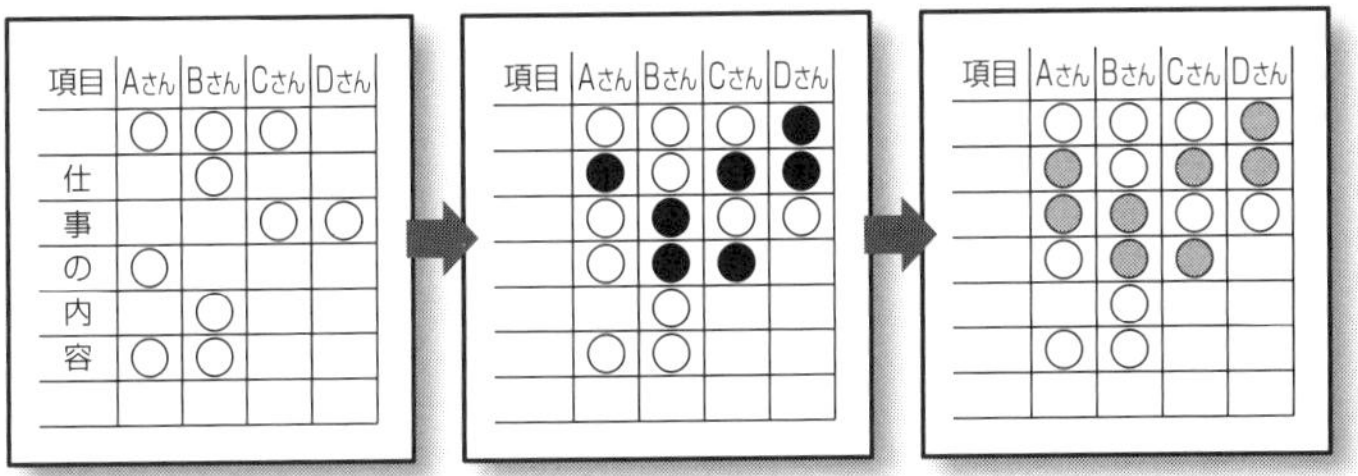

まず、自信を持ってできる仕事に青シール

今週覚えたい仕事に赤シール

はじめてできたら黄シール
自信がついたら青シール

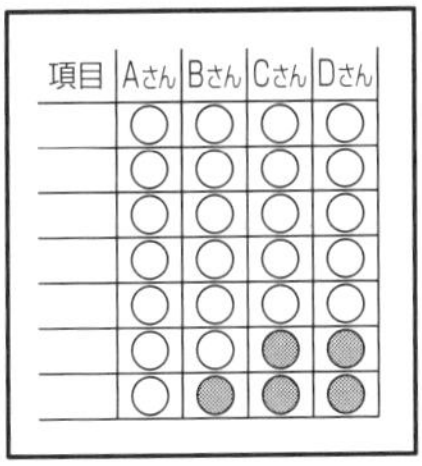

しばらく経過したときのイメージ

【効果】

- 「自分が今どの仕事ができ、どの仕事ができないのか?」が、誰でも一目で理解できる
- 今週覚えることを自分で決め、またそれを他の人がわかることにより、効率よく集中して教えることができる
- できればお互いに確認し、認め合う
- 毎日の仕事の目標が明確になる
- 業務レベルと進歩の程度が誰が見ても理解できる

まずは、赤シールが多い項目から勉強会を始めました。勉強会を開くたび、黄色が一気に増えます。そこから個人が努力することで、青のシールも増えていきました。

さらに、別の紙に青シールの数の推移を表したグラフをつくりました。みるみる増えていく様子がひと目でわかります。

「教えてシグナルシート」を定期的に写真に撮り、色が変化していく様子もわかるようにしました。こうして赤ばかりだったシートはどんどん青へと変化し、若手社員はメキメキと力をつけていったのです。

「教えてシグナルシート」というネーミングもよかったのでしょう。わからないことや教えてもらうことは決して恥ずかしいことではない、という前提のネーミングですから、安心した雰囲気をつくります。

また、このプロセスにメンバー全員が関わったことで、目標達成に向かう上で納得感と一体感が生まれました。

このように、活動のコンセプトから具体的な運用ルールまで、参加者自らが参画して決めると、納得感が違い、動きも積極的になります。他の人がルールを持ち込んで、「君たちにはこれをやってほしい」とすると、その瞬間から「have to do」となります。しかし、自分たちでつくれば、「want to do」になるのです。

コンサルタントや社内プロジェクトチームなどが、他の部署や他社事例のいいところを押し付けてしまうことがありますが、これはもっとも機能しないやり方です。**いくら優れた方法でも、「やらされ感」があると長続きしないのです。**

ポイント②　ゲーム感覚で楽しくやる

ゲーム感覚で楽しんでやることも成功要因のひとつです。

ある精密機械メーカーの研究開発部門で、特許申請件数を増やそうというゴールが立てられました。そこで、研究開発のメンバーはまず特許申請の元となるアイデアを数多く集めようと考え、持ちまわり制でアイデアを出すことを決めたのですが、今ひとつ機運が盛り上がりません。各自が無理やりアイデアを出す状態でした。

そこで、メンバーは「もう少し楽しんでアイデアが出せるような雰囲気はつくれないだろうか」と考え、あるゲームを思いつきました。それは「アイデアのネタを出す」ところから、「寿司ネタミーティング」と名づけられました。

会議で誰かが新しいアイデアを出したら、メンバーが「これは大トロかな？」「いや、イクラだろう」などと判定するのです。各ネタには、イクラ400円、イカ100円というように、それぞれ値段がついています。そして会議の最後に、「今日のネタは全部で1万3500円でしたね」「今日の最高金額はAさんです」といった形で、成果を確認する形にしました。

また、「1カ月で累積30万円に達したら、みんなで本当の寿司を食べに行こう！」というゴールも立てられました。

これならば楽しんでアイデアを出すことができ、高い値段のネタを出したいのでアイデアの質も高まります。結局、ゲームをスタートさせる前よりも7倍の量のアイデアを集めることができたのです。

ネーミングやルールを面白いものにすることは、メンバーのやる気を引き出すのに効果的です。ただし、ポイントがあります。それは、**短期間で完了させること**。ゲームは盛り上がる一方で、飽きるのも早いからです。期間限定で、ロケットが大気圏を突き抜けるかのように、一気にゴールまで駆け抜けるぐらいがよいでしょう。そして達成したら、次のゲームに取りかかるのです。そのためにも、リーダーは、常に次のゲームの素案をイメージをしておくとよいでしょう。むしろ、これこそリーダーの仕事と言っても過言ではありません。

ポイント③　変革は業務そのものとして扱う

私が関わっている自動車販売会社の店舗での話です。店長、販売マネジャー、工場長に対して、研修でコーチングスキルを伝えました。皆さん、非常に真剣に参加していたのですが、職場に戻ると、すぐにもとの〝恫喝マネジメント（ドーカチング）〟に戻ってしまいます。

2カ月たっても変化が見られないので、店長に尋ねました。

「何か、サポートできることありませんか？」

すると、こう答えたのです。

「いや、本業が忙しくって……。正直言って、コーチングしている暇がないんです。申し訳ないんですが」

私は正直言って、軽いめまいに襲われました。

「本業の中にコーチングを生かしてほしいのに！　コーチングと本業は別物だととらえているんだ！　忙しくなると、コーチングは後回しになるんだ！」

まず店長の意識を変えなければならないことは明らかでした。私は店長と、「部下のモチベーションを上げて店舗の活力をアップさせ、売上アップを果たす」という本業にどうコーチングが役立つのか、対話していきました。

変革は、それ自体を業務として扱わなければ、いつまでたっても何も変わらないことに注意してください。

ポイント④ 「変革のその先」を見せる

企業風土変革活動などは、短期ではなく、3~5年をかけた中長期的なプロジェクトとなります。こういう場合に特に意識したいのは、常にゴールと全体をメンバーに意識させることです。中長期プロジェクトは、複数のサブプロジェクトから構成されているものですが、そのサブプロジェクトに取り組んでいるときに、**「なぜ、やっているのか？ どういう位置づけなのか？ 最終ゴールと、どうつながっているのか？」**を見せていくことが大切なのです。意味づけが常に必要だということです。

そうしないと、すぐにモチベーションを下げてしまうからです。

また、**先のビジョンを常に見せることも大切**です。それを見せずに、ただ次から次へと提示していくと、「やらされ感」を持つことにつながります。

コーチング研修もそうです。ある会社で、部長、課長クラスにコーチング研修をしました。全員で2000名を超えるため、この層に対して行うだけで3年はかかります。これをただ単に、順番にこなしていくだけではいけません。2年目、3年目になると、講座をしていることそのものが目的化してしまうからです。

こういう場合は、実際に成果が出ているところにスポットライトを当てて、成果事例を共有化するなどの活動があると効果的です。より理想的には、この階層別研修と別に、あるモデル部署で徹底的に成果を上げるプロジェクトを行って、実際に成功させることです。これにより、社員の間に「ああ、この研修の先には、ああいった成果があるんだ。この研修を受ける意味がありそうだ」という変革のストーリーが構築されます。研修を受ける心構えが断然変わるのです。

ポイント⑤――小さな成功体験を短期間に

では、モデル職場はどういう点に気をつけて選ぶと効果的なのでしょうか？

経営者の方からよく「モデル職場を選んで、成果を上げてもらいたいんだけど、ここはどう？」と聞かれることがあります。ここで提示されるモデル職場候補は、ほとんどが「全社最下位クラスの部署」、いわゆる「ローパフォーマー職場」です。でも、私たちは、最初にローパフォーマー職場を手がけるのは断っています。

理由は簡単で、失敗する可能性が非常に高いからです。

そもそも、ローパフォーマー職場は、自分たちが変わる必要を感じていない、変わろうともしていないおそれがあります。聞く耳を持たない人たちを集めて、時間と労力を投資しても意味がありません。

では、最初に取り組むべき対象はどこか？

本当に中長期の企業変革プロジェクトを成功させたいと思うなら、最初のターゲットは、会社を2（上位）：6（中位）：2（下位）に分けた場合でいうと、「6」のクラスの中の上の方です。すなわち、上から数えて3番か4番です。

最初のフェーズは、絶対に成功させないといけない成功事例創出フェーズです。特に、変革の必要性を自らが感じている組織長がいる職場、または組織長になってから日が浅い職場は成功する確率が高くなります。

初期が成功すると、面白い展開が見られてきます。2：6：2の「6」の人たちが、一気に関心を示してくるのです。なぜかというと、6のクラスの人たちは、一般的に「同調動機」、他人や他部署に同調したがる意識が強いからです。

上位の2の人たちの動機は「達成動機」です。自分で立てた目標を達成することに価値を置いている人たち。だからこそ、上位の2であるのです。

真ん中の6のクラスがいい事例や成果を見て、同調しようとする動きが始まると、変化がだんだんと社内全体に広がっていきます。こうして全組織の2割程度が変化してくると、ローパフォーマークラスの職場も関心を持ち始めます。だた、このクラスには、あくまでも最後の最後に導入するようにしましょう。

こうした展開イメージを、私たちは**「焚き火理論」**と言っています。まずは何にどう火をつければ大きく燃え上がるか、そこを考えるところから始まるからです。

焚き火をするときに、いきなり大きな木や太い木に着火しようとする人はいません。なかなか燃えないからです。では、どうするかというと、まずはくしゃくしゃにした新聞を置きます。そして、その上によく燃えそうな乾燥した小枝をのせ、その上にだんだんと太い木を組み合わせ、寄せ木します。濡れ木（ローパフォーマー）は、ここでは入れません。別の場所に置いておきます。さて、ここまでできたら、あとは火をつけるだけ。予想どおり、新聞紙はすぐに着火し、急激に燃え広がります。

そのとき必要なのは、空気を適度に送り込むことです。ここで、気を抜いてしまうと、せっかく起こした火が小さくなります。小枝に火が移るまでは、気を抜かないことです。

そして、だんだんと、太い木に燃え移っていくわけですが、やはり太い木に燃え移り安定するまでは、火のそばにいることが無難です。そして、先ほどまで濡れ木だった木も乾燥してきているかもしれません。そうしたら、火の中に入れることが可能です。

まさにこの方法、変革活動やプロジェクトをうまくまわす方法と似ています。変革プロジェクトを進めるときに、いきなり、大きなテーマや難易度が高いものへの取り組みは、太い木に、マッチ棒で火をつけようとしているようなものです。モデル職場を最下位の部署にするのも、難易度が高すぎます。

ポイント⑥ 抵抗は成功の兆し

企業風土改革活動などが軌道にのってくると、従来の「慣性」をさらに過激にした行為が出てくるときがあります。例えば、これまで恫喝型のマネジメントをしていた職場で、恫喝をひどくした「パワハラ」が急に目立ち始めるときがあります。実は、それは、全体のプロジェクトが動き出している兆候でもあるのです。

営業所長50人に対してコーチングセミナーを年に8回、1カ月半に1回のペースで実施していた事例で、このような現象が起きてきました。まず、2～3割の営業所長が、実際に職場で使っての感想や、こちらからの情報提供に対する質問をしてくるなどの反応を見せ始めます。そして、そのうちの2割くらい、すなわち全体の4〜6％の営業所長――全体が50人ですから2〜3人――の営業所で、異常値のような大きな成果をはじき出すようになります。

こうした目覚ましい成果を見ると、上位クラス、中位クラスの所長たちも動き出します。具体的なモデルが提示されると取り込むのがうまい中位クラスの営業所では、徐々に成果を出し始めるようになります。

すると、最後まで動かないと決めていた低位クラスの営業所（だいたい5％くらい）もあせり出します。所長が、自分も取りかからなくてはと行動に移るのです。しかし、その選ぶ手段は「今までの自分の得意技」を使うしかありません。しかも、かなり強化した形で使います。だから、この時期になると「パワハラ」が起きやすくなるのです。

こうした事象に対する会社の対応の仕方には留意が必要です。ここでの選択が、「会社の慣性」をつくる瞬間でもあるからです。何も手を打たないと、パワハラを認めることにもなりかねません。成功している企業は、実に基本に忠実です。「望ましくない行動」（ここではパワハラ行為）には、降格などの「処罰による行動弱化」を行います。「望ましい行動」（ここでは、コーチング手法を使うことによって、異常値とも思える成果を継続して打ち出している所長）には「承認による行動強化」を行います。この会社で、所長の上司にあたる統括部長へと昇格させました。

ポイント⑦ 自己修正能力を高める

改革を促進させていくときには、「即、確実に、ポジティブなことが起こると、行動が促進する」という考え方を生かすと効果的です。さらに、ここまでに挙げてきたいくつかのポイント、例えば、「楽しいことが大前提」「ゲーム感覚で」「焚き火理論」などの働きかけをすると、加速します。

しかし、現実は何かしらの原因で変革が少し停滞したり、時には後退したりすることもあります。第3章の「変革行動を継続させる5ステップ」でもあげましたが、変革活動では必ず「飽き」が訪れます。このときに、短期間に「上がること」を経験してきた組織やチームが陥りがちなのが、「上がることを承認され続けてきたので、本当は少し下がっていても、それを声に出せない」という現象です。この状態は非常に危険です。

薄々、スタッフたちも察しているのですが、口では「うちは機運が盛り上がっているよね！」などと言い続けるのです。ネガティブなことを触れられずに、ポジティブな言葉しか言えない状態になっているわけです。

こうなった場合には、「タブーに触れる」ことをお勧めします。「今思っている本音は何なのか？」「改革を成功させていくために、今取っている行動（本音を言わないという行動）は価値ある行動なのか？」、まずは思っていること、不平・不満、不安をすべて出し合うことから始めます。そして、出し合ったものを「リクエスト」という形に変換して、これからの活動に建設的な意見として取り入れていくようにしていくのです。

「上がる体験」だけでなく、「下がっている状態にどう接し、どう乗り越えていくのか？」を体験することで、自走する組織に必要な**自己修正能力**を完備したことになります。

ポイント⑧　ES、CS、そしてPS

私たちコーチ・エィで行っている業績向上プロジェクトは、自動車ディーラーやスーパーの店舗などの営業拠点、または工場の現場などで、業績を数カ月で向上させるというものです。しかし、いきなり業績向上をねらうことはしません。

まずは、**「ES（従業員満足度）」**、職場の構成員である従業員が満足することを目指します。

ＥＳがしっかり基盤構築できてから、初めて語れるのが**「ＣＳ（顧客満足度）」**です。内側がしっかりして、初めてお客様に貢献しようとする行動が起き始めます。

そして、そうしたＥＳとＣＳの向上がかけ合わさって、**「ＰＳ（業績満足度／コーチ・エィの造語）」**が数字として見え始めてきます。

短期的な業績を生み出すことはできても、ＥＳを無視した中では、継続的な業績は期待できません。

いかがですか？　あなたの職場は？　会社は？

ポイント⑨　社内に変革のエンジンをつくる

最終的には私たちが去った後でも継続し、成長していける組織づくりができてはじめて「自走する組織」と言えます。そのためには、社内に自ら動き続ける〝エンジン〟が必要となります。

まだ実験段階ではありますが、私たちはクライアント企業の中で「社内コーチの育成」に取り組んでいます。私たちが営業所、店舗、支店、工場などの職場に入り、どのようなステップで職場メンバーと関わり、どのようにしたら盛り上げる（活性化させる）ことができ、どのような離れ方をすれば火は燃え続けるのかなどを研究し、技術としてまとめてきました。これらの技術をクライアント企業内の社内コーチに伝承していくプロジェクトを開始しているのです。

現時点では、社外コーチだからできること、社内コーチだからできることの棲み分けが明確になってきており、また、社内コーチの取り組みによる手ごたえや成果も出てきています。

この本も、「継続するために必要な〝技術〟」「自走する組織をつくるための技術」をまとめています。これを参考に、まずは最初の一歩を踏み出してみて下さい。あなたの会社の中で変革のエンジンがつくられ、始動する日が、近い将来、必ずやってくることでしょう。

◎参考文献

『ベストを引き出せ』／オーブリー・C・ダニエルズ／ダイヤモンド社
『performance management』／オーブリー・C・ダニエルズ／ performance management publications
『行動分析学入門』／杉山尚子、島宗理、佐藤方哉／産業テクスト
『はじめての応用行動分析』／ＰＡアルバート、ＡＣトルートマン／二弊社
『組織を活性化する技術』／名倉広明／ファーストプレス
『３分間コーチ』／伊藤守／ディスカヴァー21
『なぜ企業変革は継続しないのか～パフォーマンスコーチング』／『日経情報ストラテジー』連載（2007年1月～6月、計6回）
『管理職のための部下指導に活かすコーチング』／『労政時報』(2008年3月)

［著者］
中島克也（なかじま・かつや）
株式会社コーチ・エィ　常務取締役・チーフエグゼクティブコーチ
国際コーチ連盟マスター認定コーチ
早稲田大学大学院理工学研究科修士課程修了。株式会社野村総合研究所にて経営コンサルタントとして勤務し、企業文化の改革、組織・人材の活性化、行動変革などのチェンジマネジメント分野を得意とする。2001年、コーチＡの立ち上げに参画。行動変革による組織の業績向上を目的とした大規模プログラムを多数の企業と共に開発・導入するほか、経営者・執行役員向けエグゼクティブコーチングを実施。

変革を定着させる行動原理のマネジメント

2008年10月17日　第1刷発行

著　者——中島克也
発行所——ダイヤモンド社
〒150-8409　東京都渋谷区神宮前6-12-17
http://www.diamond.co.jp/
電話／03･5778･7234（編集）　03･5778･7240（販売）
装丁————渡邊民人（TYPEFACE）
編集協力——磯崎ひとみ
製作進行——ダイヤモンド・グラフィック社
印刷————堀内印刷所（本文）・慶昌堂印刷（カバー）
製本————宮本製本所
編集担当——笠井一暁

ISBN 978-4-478-00725-9